서울대 행복연구센터의 행복 리포트

대한민국
행복 지도
2024

서울대학교 행복연구센터 지음

21세기북스

행복의 회복, 행복 양극화, 그리고 10대의 위기

2023년은 팬데믹에서 공식적으로 벗어난 해다. 확진자 수는 여전히 많지만 거리두기, 마스크 착용 등 공식적인 규제가 해소됐다. 2022년부터 회복된 일상이 2023년에는 예전처럼 복구됐기에 대한민국의 행복도 코로나19(이하 코로나) 이전 상태로 완전하게 회복됐을 것이라고 예상할 수 있다.

반면 2022년부터 악화된 경제 불황이 2023년에도 계속됐고, 국제 정세의 불안 역시 진정될 기미를 보이지 않았기에 2023년 행복 수준은 여전히 낮을 것이라고도 예상해볼 수 있다. 이런 상반된 예상을 염두에 두고 2023년의 대한민국 행복을 분석한 결과 다음 몇 가지 특징을 발견할 수 있었다.

- **행복 수준의 완전 회복:** 2023년의 행복 수준은 2022년 대비 크게 상승하여 서울대 행복연구센터와 카카오같이가치가 대한민국 국민의 행복을 매일매일 측정한 이래로 가장 높은 수준을 기록했다.
- **10대의 위기:** 모든 연령에서 행복 수준이 완전히 회복됐음에도 불구하고 10대의 행복은 전혀 회복할 기미를 보이지 않았다. 이는 선진국 중심으로 확산되고 있는 청소년들의 정신건강 위기와 맞물려 있는 현상으로, 향후 우리 사회가 해결해야 하는 가장 큰 도전이 될 것이다.
- **행복 양극화:** 행복의 평균 수준이 증가했으나 양극화는 더 심해졌다. 충분한 행복을 누리는 사람들이 늘었지만, 반대 경우인 행복 빈곤층의 비율이 여전히 높은 상태로 나타났다.
- **다시 찾아온 어린이날의 실종:** 대한민국 행복 수준의 바로미터 중 하나는 어린이날이었다. 일 년 중 가장 행복한 날의 상위권에 늘 있었던 어린이날이 2022년부터는 중위권으로 하락했고(191위), 2023년에도 146위로 중위권에 머물렀다. 이 현상이 경제 불황 때문인지, 초개인화 사회의 여파인지는 더 지켜봐야 할 이슈다.

- **묻지마 폭행:** 2023년의 가장 큰 사회적 이슈 중 하나는 묻지마 폭행이었다. 2023년 7월 21일 서울 신림동에서 발생한 묻지마 흉기 난동 사건 전후로 사람들의 불안 수준이 유의하게 증가한 결과로 보아, 사회적 안전 수준이 국민 행복과 직결됨을 확인할 수 있었다.
- **LG 트윈스 한국시리즈 우승과 서울 시민의 행복:** 2023년 11월 13일, 연고지를 서울에 둔 LG 트윈스는 29년 만에 프로야구 한국시리즈 우승을 차지했다. 그 결과 서울 시민의 행복이 크게 상승했다. 지역 스포츠 팀의 승리가 시민들의 행복에 영향을 줄 수 있음을 확인한 사건이었다.
- **여전한 스트레스 강국:** 스트레스 평균 수준은 측정을 시작한 이래 처음으로 6점대 아래로 하락했다. 그러나 국민 약 절반이 스트레스 지수 7점 이상이었고, 스트레스 지수 10점(만점)을 보고한 국민의 수는 10.83%로 높은 편이었다. 이 같은 결과는 여전히 대한민국이 스트레스 강국임을 부정할 수 없었다.

2019년부터 2023년까지의 행복 데이터를 연계해 코로나 이전, 코로나 기간, 코로나 이후의 행복의 변화 궤적을 체계적으로 분석했다. 국내외적으로 규모 면에서나 기간 면에서 유례가 없을 정도로 광범위한 분석이다.

이를 통해 코로나 전후로 국민의 행복이 어떻게 변했고, 어떤 연령대에서 변화가 심했는지, 어느 지역에서 변동이 심했는지 등 심층적인 결과를 얻을 수 있었다. 코로나로 인한 국민 정신건강의 변동에 관심 있는 학자, 정부 관계자 및 일반인 모두에게 매우 유용한 자료가 될 것이다.

결론적으로 2023년은 코로나가 공식적으로 종식되면서 국민들의 평균적인 행복 수준이 예전보다 더 상승한 해였다. 동시에 10~20대들의 정신건강 위기, 행복 양극화, 스트레스 심화 등 우리 사회가 해결해야 할 숙제를 남긴 해였다.

기존 행복 조사   서울대×카카오같이가치 행복 조사

1회적으로 행복을 측정한다

일회성으로 행복을 측정할 경우,
'누가' 행복한지는 알 수 있어도
'언제' 행복한지는 알 수 없다.

1
365일 24시간 행복을 측정한다

안녕지수 측정은 365일 24시간 내내
온라인상에서 이뤄지기 때문에
기존 조사의 한계를 극복할 수 있다.

1,000명의 행복 데이터

유엔의 행복 조사에는 각국에서 15세 이상
약 1,000명이 참가한다. 이를 연령별
(20, 30, 40, 50, 60대 이상)로 나눈다면
각 연령별 응답자가 200명인 셈이고,
이를 다시 남녀로 구분하면 연령별·성별
응답자는 각각 100명밖에 되지 않는다.

2
13만 건의 행복 데이터

2023년 한 해 동안만 총 11만 2,672명이
안녕지수 조사에 참여했으며, 한 사람이 1회
이상 응답할 수 있었기 때문에
응답 건수 기준으로는 총 13만 6,475건의
행복 데이터가 수집됐다.

3
개개인의 심리적 특성을 고려한 분석

안녕지수는 각 개인의 심리적 특성들을
함께 조사함으로써 개인의 심리적 특성이
행복감에 주는 영향도 분석했다.

4
행복에 관한 '특별한 질문'에 답을 찾다

안녕지수를 통해 경제 지표와
정치 사회 여론조사만으로는 결코
알 수 없었던 '행복'에 관한 대한민국의
진짜 마음 지표를 그릴 수 있게 됐다.

대국민 행복 측정 프로젝트

서울대학교 행복연구센터 × 카카오같이가치
안녕지수 프로젝트 소개

2008년 2월, 당시 프랑스 대통령이었던 사르코지는 3명의 경제학자에게 특명을 내린다. 2001년 노벨 경제학상 수상자인 미국 컬럼비아대학의 조지프 스티글리츠(Joseph Stiglitz) 교수, 1998년 노벨 경제학상 수상자인 미국 하버드대학의 아마르티아 센(Amartya Sen) 교수, 그리고 자국 파리정치대학의 장 폴 피투시(Jean Paul Fitoussi) 교수에게 다음의 질문들에 답을 찾는 미션을 부여한 것이다.

• 사회가 번영하고 있는지를 판단할 수 있는 최적의 통계치는 무엇일까?
• GDP만으로 사회의 번영을 측정할 수 있을까?
• GDP를 보완할 수 있는 새로운 측정치로는 무엇이 좋을까?

스티글리츠, 센, 피투시 교수가 주축이 된 '경제 성과와 사회적 진보 측정 위원회(이하 사르코지위원회)'가 내놓은 답은 다음과 같다.

첫째, 생산에서 웰빙으로 관심을 옮겨야 한다.
둘째, GDP만으로는 번영의 참된 모습을 측정할 수 없다.
셋째, 국민의 주관적 행복을 측정해야 한다.

생산에서 웰빙으로! 국가 정책 기조의 근본적인 전환을 촉구한 것이다. 사르코지위원회는 가장 중요한 첫걸음으로 국민들의 주관적 행복을 측정할 것을 권고했다.

인류는 지금까지 인류에게 중요하다고 생각하는 것들을 측정해왔다. 먹고 사는 문제가 중요하기 때문에 우리는 생산과 소비, 고용과 분배에 관한 것들을 측정했다. 또한 인간의 지적 능력이 중요하다고 생각했기 때문에 IQ라는 개념을 만들고 측정했다. 건강도 예외가 아니다. 콜레스테롤지수, 간기능지수, 체질량지수 등은 이미 우리의 일상적인 용어가 된 지 오래다. 이렇게 만들어진 경제지수, IQ, 그리고 건강지수는 날이 갈수록 더 중요해지고 있다.

무언가를 측정한다는 것은 우리 사회가 그것을 중요하게 생각하고 있음을 의미한다. 동시에 앞으로 더 중요하게 간주하겠다는 의지의 표현이기도 하다. 서울대학교 행복연구센터와 카카오같이가치가 측정하고 있는 '안녕지수'는 이 두 가지 의미에 잘 부합한다.

객관적인 삶의 조건도 중요하지만, 그런 삶의 조건에 반응하는 우리의 마음도 중요하다. 이는 객관적인 경제 상황만큼 소비자가 실제 느끼는 '체감 경기'가 중요하고, 물리적인 온도만큼 '체감 온도'가 중요한 것과도 같다. 그동안 우리는 객관적인 삶의 여건들만을 집중적으로 측정해왔다. 이제는 우리의 마음을, 우리의 행복을 '안녕지수'라는 이름으로 측정하고자 한다.

대한민국 매일매일의 안녕을 측정하다

유엔의 「세계행복보고서」를 비롯한 기존의 행복 측정치들은 중요한 한계점을 지니고 있다. 바로 '실시간으로 안녕을 측정하지 못하고 있다'는 점이다. 유엔 세계 행복지수는 1년에 단 한 번 측정한다. 그러다 보니 매일매일의 삶에 반응하는 우리 마음의 변화를 민감하게 알아낼 수가 없다. 뿐만 아니라 조사에 동원되는 사람들의 수도 많지 않다. 유엔 행복 조사는 각 나라에서 15세 이상 성인 1,000여 명만을 대상으로 진행한다.

이런 한계를 극복하기 위해서는 다수의 사람이 실시간으로 자신의 안녕을 보고할 수 있는 플랫폼이 필요하다.

이에 서울대학교 행복연구센터는 카카오같이가치팀과 뜻을 모아 2017년 9월부터 지금까지 한국인들의 행복을 실시간으로 측정해오고 있다. 서울대학교 행복연구센터가 개발한 '안녕지수' 측정치는 카카오같이가치 마음날씨 플랫폼(together.kakao.com/hello)에 탑재돼 있어서 이용자들이 원할 때 언제든지 자유롭게 참여할 수 있다. 뿐만 아니라 행복과 관련된 다양한 심리 검사들을 무료로 제공하고 있다.

2023년 12월 31일까지 6년 4개월여간 600만 명 이상의 한국인들이 한 번 이상 안녕지수 테스트에 참여했고, 누적 건수로는 약 1,100만 건 이상의 데이터가 축적됐다. 한국에서뿐만 아니라 전 세계적으로도 이와 같이 방대한 규모의 데이터는 찾아보기 힘들다. 우리는 이 방대한 자료를 분석해 한국인들의 행복을 체계적으로 분석하고자 한다.

세계 최초, 최대 규모의 '대국민 실시간 행복 연구'
안녕지수의 특별함은 단순히 응답자가 많다는 데 있지 않다. 안녕지수는 카카오같이가치 마음날씨의 온라인 플랫폼을 활용하고 있기 때문에 사람들이 원하는 시간과 장소에서, 하루에도 몇 번이고 자신의 마음 상태를 실시간으로 자유롭게 측정할 수 있다는 강점이 있다.

실제 카카오같이가치 마음날씨 화면 ➡

2002년 노벨 경제학상을 받은 심리학자 대니얼 카너먼(Daniel Kahneman)은 우리 안에 서로 다른 자아들, 즉 '기억하는 자아(remembering self)'와 '경험하는 자아(experiencing self)'가 존재한다고 이야기한다. 사람들은 자신이 기억하는 나와 실제 행동하는 내가 같은 모습이라고 믿지만, 실제로 이 둘 간에는 상당한 괴리가 존재한다. 행복 역시 과거 '기억'에 의존된 행복과 실제 '경험'되는 행복은 다르다.

안녕지수는 "당신은 지금 얼마나 행복합니까?"라고 묻는다. 안녕지수는 사람들의 '지금 이 순간'에 관심을 가지고 있다. 전반적인, 평균적인 행복이 아니라 '지금 이 순간'에 느끼고 있는 만족감, 의미, 스트레스를 측정하는 것을 목표로 한다.

안녕지수가 우리에게 가르쳐줄 수 있는 것들

이를 통해 우리는 주가지수처럼 매일매일의 안녕지수를 얻을 수 있다. 또한 우리의 안녕이 중요한 국가적 사건이나 날씨와 같은 외적인 변수들에 의해 어떻게 변하는지도 민감하게 알아낼 수 있다. 지역별, 연령별, 성별, 요일별, 시간대별 안녕의 차이도 알아낼 수 있다. 무엇보다 매년 방대한 데이터가 축적됨으로써 우리 사회의 특징과 변동을 '안녕'이라는 창문을 통해서 들여다볼 수 있다.

안녕이라는 키워드를 이용해 우리나라의 지도를 다시 그려보게 될 것이다. 지역별 행복지도, 연령별 행복지도를 상상해보자. 이런 지도들이 삶의 중요한 대화의 소재가 될수록 우리 사회는 우리의 마음과 안녕에 더 귀 기울이게 될 것이다.

안녕지수 데이터는 시간이 지날수록 더욱더 빛을 발할 것이다. 안녕지수 조사에 지속적으로 참여하는 사람들이 늘어나면서, 한 개인 내부에서 일어나는 심리 상태의 변화를 추적하는 것이 가능해질 것이다.

청소년에서 성인, 성인에서 중년이 되면서 사람들의 행복은 어떻게 달라지는지, 그리고 한국 사회의 변화와 함께 사람들의 행복은 어떠한 모습으로 바뀌는지를 살펴볼 수 있는 귀중한 자료가 돼줄 것이다. 장기적으로 안녕지수에 관한 데이터 구축은 한국 사회와 한국인의 마음을 이해하는 소중한 국가적 유산을 남기는 일이 될 것이다.

Contents

일상 회복이 우리에게 안겨준 것들
빅데이터로 찾아낸 코로나 전후 행복의 궤적

01

당신은 지금 얼마나 행복한가요?

날짜·연령·성별·지역별로 본 대한민국 행복지도

Korea Happiness Report

Happiness in 2023

안녕지수 측정 방법

행복을 어떻게
측정할 수 있을까?

서울대학교 행복연구센터는 카카오같이가치팀과 뜻을 모아 2017년 9월부터 지금까지 한국인들의 마음 상태를 측정해오고 있다. 서울대학교 행복연구센터가 개발한 행복 측정치인 '안녕지수'는 카카오같이가치 마음날씨 플랫폼에서 365일 24시간 언제든지 자유롭게 측정해볼 수 있다. 지난 6년 4개월간 약 600만 명 이상의 사람이 한 번 이상 안녕지수 측정에 참여했고, 누적 건수로는 1,100만 건 이상의 데이터가 축적됐다. 그런데 눈에 보이지도 않고 증명할 수도 없는 '행복'이라는 마음을 과연 어떻게 측정했을까? 안녕지수를 사용한 행복 측정 방법을 살펴보자.

행복을 측정하는 방법

행복을 측정하는 가장 확실한 방법은 사람들에게 직접 물어보는 것
이다. 개인 소득 같은 객관적인 지표와 타인의 평가에 의해서가 아
니라 자신의 주관적 잣대로 스스로의 삶을 평가하는 것이 행복의
핵심이기 때문이다. 그래서 심리학에서는 행복을 주관적 안녕감
(subjective well-being)이라고 부르기도 한다.

전통적으로 행복은 크게 쾌락주의적 행복관(hedonism)과 자기실
현적 행복관(eudaimonism)으로 정의해왔다. 행복과 즐거움을 추구
하는 기존의 쾌락주의적 관점에서 행복을 보다 폭넓게 정의한 것이
주관적 안녕감이다.

주관적 안녕감의 주요 요인은 삶에 대한 만족감과 감정 밸런스이며,
본인의 삶에 대해 만족감이 높고 긍정정서를 자주, 많이 경험하는
반면에 부정정서는 상대적으로 적게 경험할 때 행복 수준이 높다고
정의한다.

이와는 대조적으로 자기실현적 관점에서의 행복은 자신이 가진 잠재성의 충족과 발휘를 뜻하는 자기실현으로 정의된다. 인간은 만족스럽고 즐거운 삶, 그 이상을 추구하는 존재다.

아리스토텔레스는 진정으로 행복한 삶이란 쾌(快)를 넘어 선(善)과 덕(德)이 있는 삶, 즉 의미와 목적이 있는 삶이라고 이야기했다. 자기 성장, 삶의 의미와 목적을 행복의 중요 요소로 보는 심리적 안녕감(psychological well-being) 같은 접근을 자기실현적 행복관이라고 한다.

안녕지수 측정 문항	
1 당신은 지금 당신의 삶에 얼마나 만족합니까?	삶에 대한 만족감
2 당신은 지금 얼마나 의미 있는 삶을 살고 있다고 느낍니까?	인생에서 경험하는 의미
3 당신은 지금 얼마나 스트레스를 받고 있습니까?	스트레스
4 당신은 지금 얼마나 행복합니까?	감정적 경험
5 당신은 지금 지루한 감정을 얼마나 느끼고 있습니까?	감정적 경험
6 당신은 지금 짜증 나는 감정을 얼마나 느끼고 있습니까?	감정적 경험
7 당신은 지금 즐거운 감정을 얼마나 느끼고 있습니까?	감정적 경험
8 당신은 지금 평안한 감정을 얼마나 느끼고 있습니까?	감정적 경험
9 당신은 지금 우울한 감정을 얼마나 느끼고 있습니까?	감정적 경험
10 당신은 지금 불안한 감정을 얼마나 느끼고 있습니까?	감정적 경험

실제 안녕지수 측정 화면 ➡

행복을 측정하는 10가지 질문

서울대학교 행복연구센터는 이와 같은 행복 연구의 전통과 최근 연구의 흐름을 두루 반영해 행복의 다양한 의미를 최대한 담아낸 안녕지수를 만들었다. 안녕지수는 개인의 삶의 만족감, 정서 상태, 삶의 의미와 스트레스를 묻는 총 10개 문항으로 구성돼 있다.

응답자들은 모든 질문에 대해 0부터 10까지의 11점 척도상에서 응답했으며, 이는 유엔 「세계행복보고서」와 OECD의 삶의 만족도 측정에 사용된 척도와 일치한다. 안녕지수 총점은 부정적 심리 경험 점수(스트레스, 지루함, 짜증, 우울, 불안)를 역코딩한 총 10개 항목의 합으로 산출한다. 결과적으로 안녕지수가 높으면 행복감이 높은 것으로 해석한다.

안녕지수 하위 지표

삶의 만족
전반적인 삶에 대한 평가로서 1번 문항 "당신은 지금 당신의 삶에 얼마나 만족합니까?"에 대한 응답으로 구성됐다.

삶의 의미
2번 문항 "당신은 지금 얼마나 의미 있는 삶을 살고 있다고 느낍니까?"에 대한 응답으로 구성됐다.

긍정정서
긍정적 감정을 묻는 4번("행복한"), 7번("즐거운"), 8번("평안한") 문항에 대한 응답으로 구성됐다.

부정정서
부정적 감정을 묻는 5번("지루한"), 6번("짜증 나는"), 9번("우울한"), 10번("불안한") 문항에 대한 응답으로 구성됐다.

스트레스
3번 문항 "당신은 지금 얼마나 스트레스를 받고 있습니까?"에 대한 응답으로 구성됐다.

안녕지수 프로젝트에 참가한 사람들은 누구였을까?

안녕지수 프로젝트의 성별·연령별·지역별 응답자 분포 정보

전체 응답자 11만 2,672명   응답 건수 13만 6,475건

성별 비율 ——————————————————————————————————— (단위: 명)

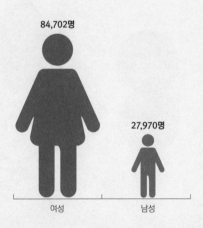

84,702명

27,970명

여성   남성

2023년 한 해 동안 총 11만 2,672명이 안녕지수 조사에 참여했다. 한 사람이 1회 이상 조사에 참여할 수 있었기 때문에 응답 건수로는 13만 6,475건의 응답이 수집됐다. 하루 평균 331명이 참여했고, 373건의 응답이 수집됐다.
2023년의 경우, 이전 해와 마찬가지로 여성 응답자(8만 4,702명, 75.18%)의 수가 남성 응답자(2만 7,970명, 24.82%) 수보다 약 3.03배 더 많았다. 비록 남성 응답자가 여성 응답자보다 적었지만, 남성 응답자의 수도 약 2만 7,000여 명에 달했기 때문에 남녀 표본 수의 차이가 분석 결과에 지대한 영향을 미칠 가능성은 거의 없다고 볼 수 있다.

연령별 비율

(단위: 명)

연령대별로 참가자를 살펴보면, 20대 참여자가 3만 7,975명(33.70%)으로 가장 많았다. 30대도 2만 6,749명(23.74%)에 달했다. 20~30대 응답자에 비해 다른 연령, 특히 50~60대 이상의 참여 비율(9.39%)이 낮아서 표본 대표성에 대한 우려가 있을 수 있으나, 50~60대 이상도 1만 575명이나 참여했기 때문에 그 어느 행복 조사보다 다양한 연령폭의 응답자들을 충분히 확보했다고 할 수 있다. 특히 유엔「세계행복보고서」가 각 나라에서 1,000명 내외의 사람들을 대상으로 수집한 결과에 기초하고 있다는 점에서 안녕지수 조사의 표본 대표성에는 큰 무리가 없다고 볼 수 있다.

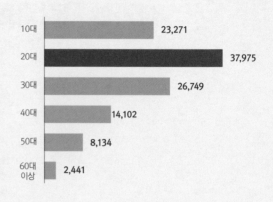

10대	23,271
20대	37,975
30대	26,749
40대	14,102
50대	8,134
60대 이상	2,441

지역별 분포

이전과 마찬가지로 서울과 경기, 인천 등 수도권 지역 사람들이 가장 많이 참여했다(59.55%). 지역별로 응답자 수에 차이가 있긴 하지만, 대한민국 전체 인구에서 각 지역 인구가 차지하는 비율을 전반적으로 고려하면(그림의 괄호) 안녕지수 조사에 참여한 사람들은 전국에 걸쳐 대체로 고르게 분포돼 있다고 볼 수 있다. 한편 주민등록인구 현황에 비춰봤을 때 (2023년 11월 기준), 카카오같이가치 안녕지수에 응답한 사람 중 서울특별시에 거주하는 사람들의 비율이 좀 더 높은 것을 볼 수 있다. 따라서 지역별 행복 차이를 분석할 때 해석에 주의해야 할 필요가 있다.

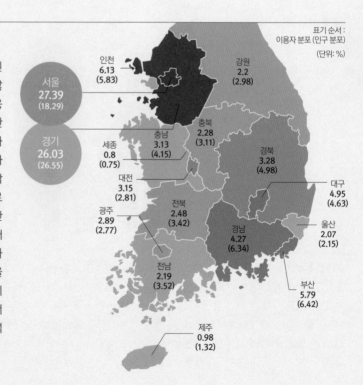

표기 순서: 이용자 분포 (인구 분포)
(단위: %)

- 인천 6.13 (5.83)
- 강원 2.2 (2.98)
- 서울 27.39 (18.29)
- 경기 26.03 (26.55)
- 충북 2.28 (3.11)
- 세종 0.8 (0.75)
- 충남 3.13 (4.15)
- 경북 3.28 (4.98)
- 대전 3.15 (2.81)
- 대구 4.95 (4.63)
- 광주 2.89 (2.77)
- 전북 2.48 (3.42)
- 울산 2.07 (2.15)
- 경남 4.27 (6.34)
- 전남 2.19 (3.52)
- 부산 5.79 (6.42)
- 제주 0.98 (1.32)

응답 횟수별 응답자 수

표기 순서:
응답 비율 (응답자 수)

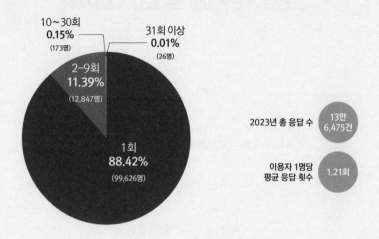

2023년 총 응답 수 — 13만 6,475건

이용자 1명당 평균 응답 횟수 — 1.21회

성별×연령별 평균 응답 횟수

(단위: 회)

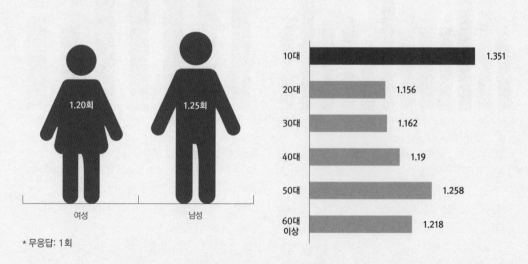

여성 1.20회
남성 1.25회

10대	1.351
20대	1.156
30대	1.162
40대	1.19
50대	1.258
60대 이상	1.218

* 무응답: 1회

전체 이용자의 99.81%는 2023년 한 해 동안 최소 1번에서 많게는 9회까지 안녕지수에 응답했다. 안녕지수에 10회 이상 응답한 이용자는 199명으로 전체 중 0.16%를 차지했다. 이용자 1명당 평균 응답 횟수는 1.21회였다. 10대의 평균 응답 건수가 1.35회로 가장 높았고, 지난해 2022년과 달리 여성보다 남성의 평균 응답 건수가 많았다. 2023년 최다 응답자는 인천광역시 서구에 거주하는 만 56세 여성으로 1년 동안 무려 425번 안녕지수 조사에 응답했다.

사람들은 언제
안녕지수에 응답했을까?

안녕지수 프로젝트의 월별·요일별·시간대별 응답자 분석

월별 응답 빈도

(단위: 회)

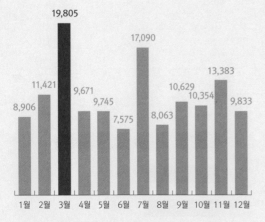

요일별 응답 빈도

(단위: 회)

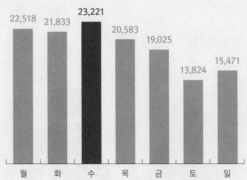

월별 안녕지수 응답 건수를 보면 3월이 1만 9,805회 (14.51%)로 가장 많았고, 6월이 7,575회(5.55%)로 가장 적었다. 월별 응답 건수에서 차이가 있는 데는 여러 가지 이유가 있지만, 그중에서도 새로운 심리 검사를 탑재해 응답자들의 참여를 유도하는 안내(푸시 알람)를 보냈는지가 중요하게 작동했다. 차이는 있으나 가장 적게 응답한 달도 7,000건을 초과했기 때문에 월별 응답 건수의 차이가 전체 결과에 미치는 영향은 크지 않다.

요일별 안녕지수 응답 횟수를 보면 수요일이 2만 3,221회(17.01%)로 가장 많은 이용자가 응답했고, 토요일이 1만 3,824회(10.13%)로 가장 적은 이용자가 응답했다. 마찬가지로 요일별로 응답 건수에서 차이는 있지만 각 요일별로 최소 1만 건 이상의 응답 건수가 수집됐기 때문에 요일별 안녕지수의 차이를 분석하는 데는 큰 무리가 없을 것으로 보인다.

시간대별 응답 빈도

(단위: 회)

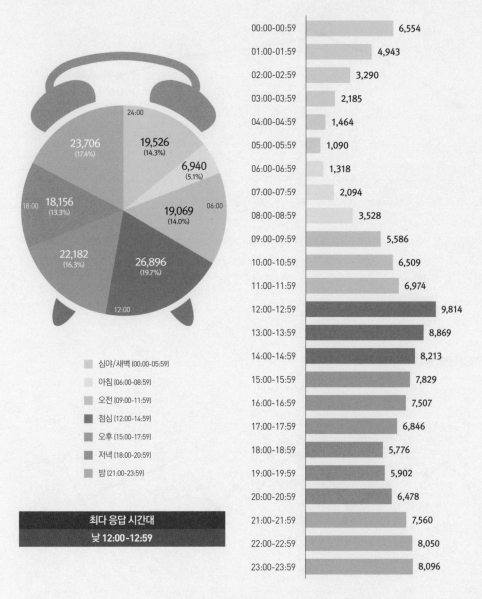

시간대	빈도
00:00-00:59	6,554
01:00-01:59	4,943
02:00-02:59	3,290
03:00-03:59	2,185
04:00-04:59	1,464
05:00-05:59	1,090
06:00-06:59	1,318
07:00-07:59	2,094
08:00-08:59	3,528
09:00-09:59	5,586
10:00-10:59	6,509
11:00-11:59	6,974
12:00-12:59	9,814
13:00-13:59	8,869
14:00-14:59	8,213
15:00-15:59	7,829
16:00-16:59	7,507
17:00-17:59	6,846
18:00-18:59	5,776
19:00-19:59	5,902
20:00-20:59	6,478
21:00-21:59	7,560
22:00-22:59	8,050
23:00-23:59	8,096

원형 차트 데이터:
- 23,706 (17.4%)
- 19,526 (14.3%)
- 6,940 (5.1%)
- 18,156 (13.3%)
- 19,069 (14.0%)
- 22,182 (16.3%)
- 26,896 (19.7%)

범례:
- 심야/새벽 (00:00-05:59)
- 아침 (06:00-08:59)
- 오전 (09:00-11:59)
- 점심 (12:00-14:59)
- 오후 (15:00-17:59)
- 저녁 (18:00-20:59)
- 밤 (21:00-23:59)

최다 응답 시간대
낮 12:00-12:59

하루 중 안녕지수 응답이 가장 빈번했던 시간대는 점심(19.7%)과 밤(17.4%)이었고, 아침(5.1%)이 가장 낮았다. 1시간 단위로 나누어보았을 때에는 낮 12시~12시 59분이 9,814회(7.2%)로 가장 높은 응답률을 보였다. 사람들이 설문에 응답하기 가장 편안한 시간이 점심 시간임을 추측할 수 있다.

시간대별 안녕지수

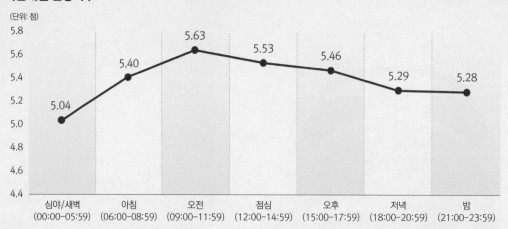

(단위: 점)

하루 일과를 7개 시간대로 나누어 안녕지수를 비교한 결과, 심야/새벽의 안녕지수가 5.04점으로 여타 시간대에 비해 크게 낮았다. 이러한 양상은 2019년과 2020년, 그리고 지난해 2022년에도 관찰된 것으로 심야/새벽 시간 동안 사람들의 행복이 가장 취약함을 알 수 있다. 혹은 그 시간대까지 잠들지 못하는 사람들의 특징일 수 있다.

요일×시간대별 행복 바이오 리듬

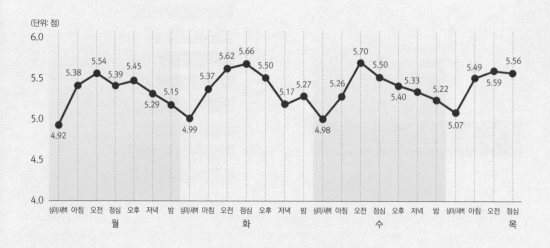

(단위: 점)

일주일 동안 시간대별로 사람들의 안녕지수 값을 평균 내어 일주일 동안의 행복 바이오리듬을 분석했다. 분석 결과, 모든 요일에서 심야/새벽 시간에 행복감이 떨어지고 오전과 점심 시간에 행복감이 상승하는 양상을 보였다. 일주일 중에 행복 수준이 가장 높을 때는 토요일 오전 시간대(5.80점)이고, 가장 낮은 시점은 월요일 심야/새벽 시간대(4.92점)였다. 심야/새벽 시간대를 제외하고 일주일 중 가장 행복감이 낮을 때는 월요일 밤으로 안녕지수가 5.15점에 불과했다. 따라서 월요일 밤 시간대는 본인만의 소확행 활동을 통해 행복감을 끌어올릴 필요가 있다.

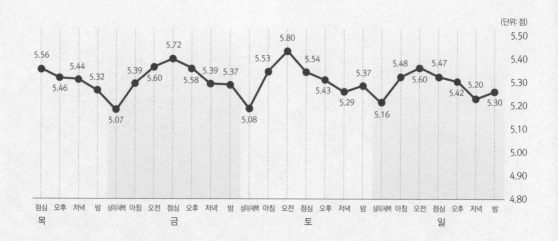

| | 점심 | 오후 | 저녁 | 밤 | 심야/새벽 | 아침 | 오전 | 점심 | 오후 | 저녁 | 밤 | 심야/새벽 | 아침 | 오전 | 점심 | 오후 | 저녁 | 밤 | 심야/새벽 | 아침 | 오전 | 점심 | 오후 | 저녁 | 밤 |

5.56 / 5.46 / 5.44 / 5.32 / 5.07 / 5.39 / 5.60 / 5.72 / 5.58 / 5.39 / 5.37 / 5.08 / 5.53 / 5.80 / 5.54 / 5.43 / 5.29 / 5.37 / 5.16 / 5.48 / 5.60 / 5.47 / 5.42 / 5.20 / 5.30

(단위: 점)

목 / 금 / 토 / 일

Happiness in 2023

Keyword 1

2023년 대한민국, 안녕하셨나요?

2023년 대한민국의 행복

3고(고물가, 고금리, 고환율) 위기로 인해 경제적으로 어려운 상황이 여전히 지속되는 가운데 2023년 대한민국의 행복은 어떻게 변화했을까? 팬데믹은 사라졌지만 2022년부터 시작된 경제 위기 속에서 직격탄을 맞은 대한민국 행복의 위기는 2023년에도 지속되고 있는지, 조금씩 회복되고 있는지 추적해보았다.

코로나 팬데믹 3년이 지나고 맞은 2023년은 한국을 포함한 전 세계 각국이 코로나 이전의 일상으로 돌아서는, 사실상 코로나 팬데믹의 마지막 해였다고 할 수 있다. 2023년 5월 7일, 세계보건기구에서 3년 4개월 만에 코로나 비상사태 종료, 즉 엔데믹을 선언했다. OECD 가입국 중 유일하게 보수적인 방역 정책을 고수하여 실내 마스크 착용을 의무화했던 한국도 2023년 1월 30일에 실내 마스크 착용 의무화 해제를 시작으로 3월(20일)에는 대중교통 마스크 착용 의무화를 해제하고, 6월(1일)부터는 병원/의원 및 약국 마스크 착용 의무화 해제와 자가격리 의무화를 해제했다.

이러한 엔데믹에 맞춰 2023년은 코로나로 인해 움츠러들었던 산업이 조금씩 기지개를 켜며 모두 함께 일상으로의 회복을 위해 애쓴 한 해이기도 했다. 하지만 2022년부터 시작된 경제 위기는 2023년에도 지속됐다. 2023년에도 물가상승률이 5%를 넘어서는 등 이른바 3고(고물가, 고금리, 고환율) 위기로 인한 경제적으로 고단한 상황은 여전히 지속되기도 했다. 이런 상황에서 2023년 대한민국의 행복은 어떻게 변화했을까? 엔데믹은 찾아왔지만 2022년부터 시작된 경제 위기 속에서 직격탄을 맞았던 대한민국 행복의 위기는 2023년에도 지속되고 있을까? 아니면 미약하지만 조금씩 회복하고 있을까?

엔데믹에 맞춰 2023년은 코로나로 인해 움츠러들었던 산업이 조금씩 기지개를 켜며 모두 함께 일상으로의 회복을 위해 애쓴 한 해였다.

코로나 창궐 후
1년 만에 사람들은
어느 정도 적응하며
놀라운 회복력을
보였다.

카카오같이가치를 통해 측정한 전반적인 안녕지수를 살펴보자. 코로나 첫해인 2020년부터 지난 4년 동안 안녕지수 평균 점수의 변화를 살펴보면(그래프1), 전대미문의 재난을 경험한 코로나 첫해에 곤두박질쳤던 행복(안녕지수 5.16점)은 코로나 2년 차인 2021년에 놀라운 적응력과 회복력을 보이며 안녕지수 점수의 상승을 보였었다(최인철 외, 2022). 코로나는 진행 중이었지만, 1년 만에 사람들이 코로나 상황에 어느 정도 적응하며 행복에서도 놀라운 적응력과 회복을 보인다는 점을 확인할 수 있었다.

반면 코로나 3년 차에 접어든 2022년 대한민국의 행복은 그러한 회복세를 이어나가지 못하고 대혼란의 경제 위기 속에서 전년도보다 안녕지수가 하락했었다(최인철 외, 2023). 2022년은 세계 경제가 침체의 늪에 빠지면서 우리 일상을 지탱하는 많은 것들에 위기라는 꼬리표가 붙으며 행복에도 위기가 찾아왔던 시기라고 볼 수 있다.

여전히 경제 위기가 진행되고 있기는 하지만 2023년 대한민국의 행복은 다행히도 전년도와 비교하여 하락이 아닌 상승의 패턴을 보였다. 2022년도에 5.24였던 안녕지수 점수는 2023년에 5.38로 높아진 것을 확인할 수 있다. 안녕지수의 하위 요소들을 전반적으로 살펴봐도 2023년 대한민국의 행복은 전년도인 2022년의 행복에 비해 크게 상승했다는 점을 확인할 수 있다.

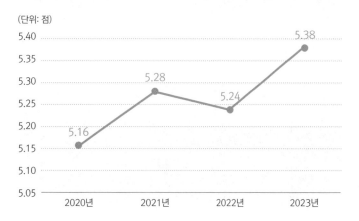

그래프 1 지난 4년 동안(2020~2023년) 안녕지수 평균 점수의 변화

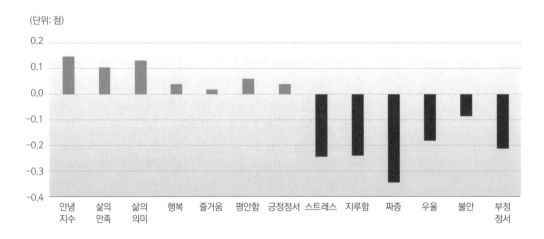

(단위: 점)

안녕지수 · 삶의 만족 · 삶의 의미 · 행복 · 즐거움 · 평안함 · 긍정정서 · 스트레스 · 지루함 · 짜증 · 우울 · 불안 · 부정정서

그래프 2 는 2023년의 안녕지수 및 안녕지수의 10가지 개별 하위 지표들의 평균 점수가 2022년과 비교하여 어떻게 변화했는지를 차이값을 통해 보여주고 있다. 세로축의 0점을 중심으로 위로 올라간 막대기는 해당 지표의 점수가 2022년보다 2023년에 더 높아진 것을 의미한다. 세로축의 0점을 중심으로 아래로 내려간 막대기는 해당 지표의 점수가 2022년보다 2023년에 더 낮아진 것을 의미한다. 그래프를 보면, 모든 부정 지표(스트레스, 지루함, 짜증, 우울, 불안)의 점수는 낮아지고, 삶에 대한 만족감, 삶의 의미, 행복감, 즐거움, 평안함 등 모든 긍정적인 지표들의 점수는 올라간 것을 볼 수 있다.

처음으로 스트레스 점수가 6점대 이하로 떨어지다

2023년 한국인의 스트레스 평균은 5.91점으로 나타났다. 카카오같이가치 안녕지수 측정 이래로, 스트레스의 평균값은 한국이 '스트레스 공화국'임을 증명이라도 하듯 10개 안녕지수 하위 지표 중 유일하게 항상 6점 이상을 기록했었다는 점에서 보면 눈에 띄는 반가운 결과다! 물론 같은 해 부정정서 평균값인 4.58점에 비해 월등히 높고 중간값인 5점을 상회하는 6점에 가까운 점수이기는 하지만, 매년 6점 이상을 기록했다는 점에 비춰봤을 때 앞자리가 6에서 5로 바뀌었다는 점은 반가운 소식이 아닐 수 없다.

그래프 3 을 통해 지난 6년 동안 스트레스 점수의 변화를 살펴보면, 스트레스의 평균 점수는 2020년부터 조금씩 감소하고 있는 추세다. 코로나 이후부터 스트레스 점수가 낮아지고 있는 것이다. 이는 전 세계적으로 떠오르고 있는 웰빙에 대한 관심을 일부분 반영하고 있는 결과일 수 있다.

다양한 조사 결과들에 의하면, 21세기 초부터 웰빙에 대한 관심은 꾸준히 있어왔지만 코로나라는 전대미문의 신종 감염병이 전 세계를 휩쓸면서 건강에 대한 관심이 증가하고 있다. 즉 육체적 건강이나 마음 건강에 대한 관심은 단순한 트렌드를 넘어 우리의 생사와 직결된다는 것을 대다수 사람이 실감하게 되면서 웰빙에 대한 인식이 증가하게 됐다.

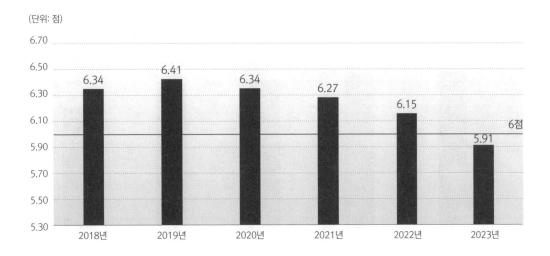

그래프 3 지난 6년간(2018~2023년) 스트레스 평균 점수의 변화

(단위: 점)

이를 반영하듯 신체 건강 및 마음 건강을 관리하기 위한 다양한 서비스가 인기를 끌고 있으며, 한창 커리어를 쌓고 있는 젊은이, 직장인들도 높은 연봉이나 승진보다 개인의 건강과 웰빙, 여가를 즐기는 것을 더 중요하게 여기는 경향이 증가하고 있다. 이러한 사회적 트렌드는 개인의 스트레스 관리에도 영향을 미쳤을 것으로 보인다. 같은 해(2023년) 대한민국의 평균 스트레스 점수가 안녕지수의 다른 하위 지표들보다 높은 점수를 보이고는 있지만(그래프 4), 해마다 스트레스 점수가 낮아지고 있는 경향은 그 자체로 긍정적인 변화를 시사하고 있다.

반가운 소식만 있는 것은 아니다. 대한민국 스트레스 점수 분포를 나타내는 그래프5 를 보면, 스트레스 점수가 중간에서 오른쪽으로, 즉 높은 점수 쪽으로 치우쳐 있는 것을 확인할 수 있다. 4점대부터 6점대 사이에 속하는 중간 스트레스 그룹은 34.39%로, 2022년 중간 스트레스 그룹이었던 35.86%보다 약 1.47% 줄어들었다. 반면 스트레스 점수가 7점대 이상인 높은 스트레스를 경험한 응답자는 전체 응답자의 절반에 가까운 46.94%를 차지했다. 이보다 더 큰 스트레스를 받을 수 없는 최고 극단값인 10점을 보고한 응답자도 10.83%나 되는 것으로 나타났다. 2022년의 높은 스트레스 그룹에 해당하는 48.48%보다는 줄어든 수치이지만, 여전히 대한민국의 절반에 가까운 사람들이 상당 수준의 스트레스를 경험하고 있다는 사실을 간과해서는 안 된다.

절반에 가까운
한국인이 여전히
상당한 스트레스를
경험하고 있다.

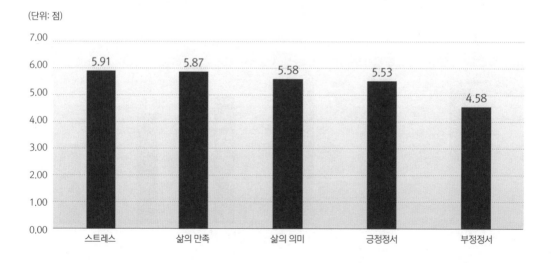

그래프 4 **2023년 스트레스 점수와 다른 점수의 평균 비교**

(단위: 점)

	스트레스	삶의 만족	삶의 의미	긍정정서	부정정서
점수	5.91	5.87	5.58	5.53	4.58

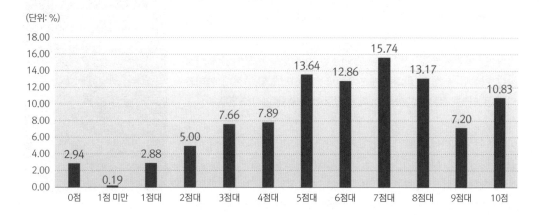

(단위: %)

설문조사를 실시할 때, 사람들은 보통 주어진 척도에서 극단값보다는 척도 중간 근처에 가까운 값에 보고하는 경향이 있다. 그러나 스트레스 수준에서는 극단값인 10점에 보고하는 경우가 상당하다. 안녕지수의 10가지 하위 요소들에 대해 양 극단값인 0점과 10점 중 10점에 응답한 비율만 놓고 보면, 약간의 차이는 있으나 10점 극단값을 보고한 경우는 스트레스가 가장 높으며, 응답 비율이 10%를 넘는 것도 스트레스가 유일하다(그래프6). 그리고 이러한 응답 경향은 최근 4년 동안 꾸준히 유지되고 있는 추세인 것을 볼 수 있다. 전년도 2022년에 비해 최고 극단 10점에 응답한 비율이 다소 하락했지만, 여전히 우리 사회에 이보다 더한 스트레스를 받을 수 없는 지경에 놓인 사람들이 상당수 존재한다고 볼 수 있다.

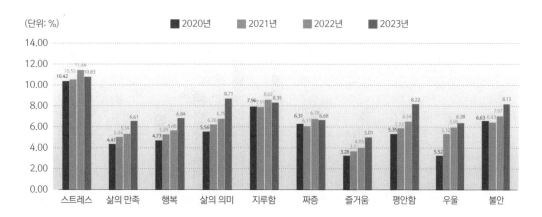

(단위: %)

2023년 한국인의 안녕지수 평균은 10점 만점에 5.38점이었다. 안녕지수 중간값이 5점임을 감안했을 때, 이전과 마찬가지로 2023년 한국인의 행복 수준은 '보통'이었다고 할 수 있다. 2023년 대한민국의 안녕지수는 평균을 기준으로 종 모양의 정규분포 형태를 띤다. 4점에서 6점대의 중간 안녕 그룹에 54.34%의 사람들이 모여 있고, 7점대 이상의 높은 안녕 그룹에는 21.62%의 사람들이, 3점대 이하의 낮은 안녕 그룹에는 24.04%의 사람들이 분포돼 있다(그래프7).

3년 동안의 변화를 살펴보면, 한국인의 중간 안녕 그룹은 꾸준히 감소하고 있다. 그래프8에 나와 있듯이, 2021년도에는 중간 안녕 그룹에 속한 사람들의 비율이 58.23%를 차지했었고, 그다음 해인 2022년에는 57.35%로 약 0.88% 감소했다. 그러나 2023년에는 전년 대비 무려 3.01%나 감소하여 중간 안녕 그룹에 속한 사람들이 54.34%를 차지했다. 보통 수준의 행복을 누리는 사람들의 비율은 줄어들고, 높은 안녕 그룹과 낮은 안녕 그룹에 속하는 사람들의 비율이 조금씩 늘어나고 있는 추세다.

안녕지수 점수가 7점대 이상이 되는, 행복 풍요층은 전체 중 21.62%에 달했다(그래프9). 적지 않은 사람들이 삶의 만족도, 삶의 의미 및 좋은 감정 밸런스를 유지하며 살아가고 있음을 의미한다. 이 비율은 전년도인 2022년(18.53%)보다 높고, 3년 전인 2021년(17.73%)보다 무려 3.89% 높은 비율이다. 즉 행복 풍요층은 꾸준히 증가하고 있는 것으로 보인다. 반면 안녕지수 점수가 3점대 이하인

중간 행복 그룹의
감소와 행복의
양극화

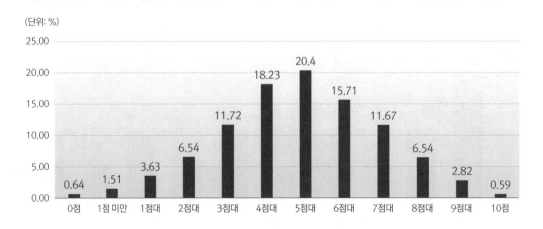

그래프 7 2023년 안녕지수 점수대별 분포

(단위: %)

점수대	비율
0점	0.64
1점 미만	1.51
1점대	3.63
2점대	6.54
3점대	11.72
4점대	18.23
5점대	20.4
6점대	15.71
7점대	11.67
8점대	6.54
9점대	2.82
10점	0.59

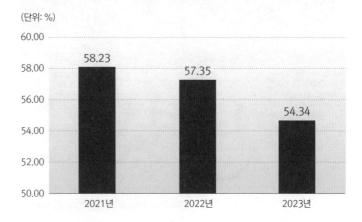

그래프 8 지난 3년 동안 중간 안녕 그룹 비율의 변화

(단위: %)

행복 빈곤층은 24.04%에 이르러, 마찬가지로 적지 않은 비율을 차지했다. 꽤 많은 사람이 삶에 대한 만족감이 낮고 의미를 찾지 못하며 긍정정서보다는 부정정서를 훨씬 자주 경험한 채로 살아가고 있음을 의미한다. 이 점수는 지난해 2022년(24.12%)보다 0.085% 줄어든 수치이지만 여전히 상당수의 행복 빈곤층이 존재한다는 것을 보여준다.

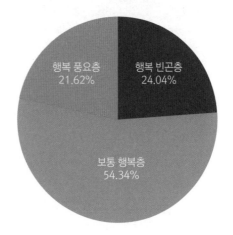

그래프 9 행복 풍요층, 행복 빈곤층, 보통 행복층의 비율

지난 3년간 대한민국 행복의 양극화는 계속 유지되고 있는 것으로 보인다. 미약하지만 중간 집단은 줄어들고 양극단에 속한 집단은 유지되거나 증가하는 경향을 보이며 행복 경험에서 사람들 사이에 격차가 벌어지고 있다고 볼 수 있다.

즉 한국인 가운데 절반에 가까운 사람들은 적당한 수준의 행복을 느끼는, 나름대로 괜찮은 삶을 살고 있다. 나머지 절반의 사람들은 행복의 양극단에 걸쳐 있는 상태라고 볼 수 있다. 충분히 삶에 만족하며, 긍정정서를 느끼고, 삶의 의미를 찾으며 살아가는 사람들이 존재하는 만큼이나 삶이 만족스럽지 못하고, 불쾌한 감정을 자주 느끼며, 삶의 의미를 상실한 채 살아가는 사람들이 우리 사회에 공존하고 있다.

충분히 삶에 만족하며, 긍정정서를 느끼고,
삶의 의미를 찾으며 살아가는 사람들이 존재하는 만큼이나
삶이 만족스럽지 못하고, 불쾌한 감정을 자주 느끼며,
삶의 의미를 상실한 채 살아가는 사람들이 우리 사회에 공존하고 있다.

Happiness in 2023

Keyword 2

2023년 행복 달력

요일별 안녕지수와 가장 행복했던 날 베스트 5

행복은 요일별로 어떻게 달라질까? 사람들은 어떤 요일에 가장 행복하고, 어떤 요일에 가장 행복하지 않았을지를 알아보기 위해 2023년 안녕지수를 요일별로 비교해보았다. 그리고 평일과 휴일 중 언제 더 행복했을지 알아보고, 가장 행복한 날 베스트 5와 가장 불행한 날 워스트 5를 살펴보았다.

2023년 안녕지수를 요일별로 비교해보면 어떤 요일에 가장 행복했을까? 반면 어떤 요일에 가장 행복이 낮았을까? 평일과 휴일 중 사람들은 언제 더 행복했을지 알아보았다.  을 통해 평일을 지나 주말을 향해 갈수록 안녕지수가 오르는 패턴을 확인할 수 있었다. 구체적으로 주말 바로 전날인 금요일에 안녕지수 점수가 가장 높았고, 전후 목요일과 토요일에 그다음으로 안녕지수가 높았으며, 한 주가 시작되는 월요일에 안녕지수가 가장 낮았다.

이는 '불금'으로 지칭되는 금요일의 행복 신화가 나타난 결과이자 주말을 보내고 맞는 첫 평일에 존재하는 '월요병' 현상이 여전히 유지되고 있는 것을 보여주는 결과다. 보통 주말이나 연휴를 보낸 뒤 일상에 복귀해야 하는 평일은 다른 평일에 비해 행복이 낮은 것이 일반적이다. 월요일마다 정신적 피로감을 느끼는 월요병이라는 현상이 있는 것이 그 예라고 할 수 있다.

좀 더 자세히 살펴보면, 특이한 것은 주말에 속하는 일요일의 행복 점수가 다소 낮은데 평일인 목요일이나 화요일보다도 낮았다는 점이다. 이는 통상 다음 날 회사 출근이나 학교를 가야 하는 일상 복귀를 앞두고 나타나는 행복 감소의 효과라고 볼 수 있다. 주말을 앞둔 설렘으로 금요일에 가장 최고조의 행복을 느끼다가, 일상 복귀 시점이 다가오면서 행복이 감소한다는 점은 (비록 여전히 주말을 보내고 있음에도 불구하고) 곧 일상으로 복귀해야 한다는 것에서 오는 아쉬움, 해야 하는 업무 스트레스 등이 예상됨에 따라 나타나는 현상이라고 볼 수 있다.

2023년 요일별 행복

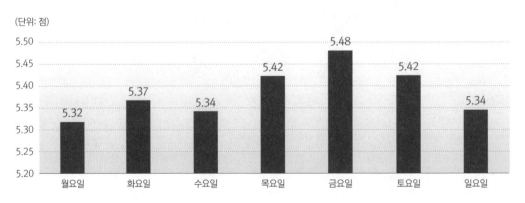

그래프 10 2023년 요일별 안녕지수

(단위: 점)

월요일	화요일	수요일	목요일	금요일	토요일	일요일
5.32	5.37	5.34	5.42	5.48	5.42	5.34

평일과 주말을
가리지 않고 모든
요일의 안녕지수가
상승했다는 점을
선명히 볼 수 있다.

2023년의 요일별 행복 점수를 전년도 2022년 및 코로나 1년 차, 2년 차 요일별 점수와 비교해보면, 평일과 주말을 가리지 않고 모든 요일의 안녕지수가 상승했다는 점을 선명히 볼 수 있다(그래프 11). 코로나 팬데믹이 사실상 종료되면서 우리의 행복 위기에 엔데믹이 찾아왔다고 볼 수 있지 않을까?

특히 금요일의 변화가 두드러지는 것을 볼 수 있는데, 코로나 첫해 2020년에는 금요일의 안녕지수가 월요일 다음으로 낮아서 흔히 '불금'으로 이야기되는 금요일 행복에 대한 효과를 전혀 볼 수 없었다. 코로나 첫해는 고강도 사회적 거리두기로 인해 평일과 주말을 구분하기 힘든 날들이 이어지면서 주말 여가 시간이 가져다주는 소소한 행복의 효과가 사라졌었다.

그러나 시간이 지날수록 코로나에 어느 정도 적응하고, 평범한 일상으로 회복하는 과정을 겪으면서 주말의 행복 효과가 되돌아오는 경향을 확인할 수 있다. 즉 평일이 지나고 주말에 가까워질수록 행복이 조금씩 상승하는 지극히 일상적인 패턴이 돌아오고 있음을 볼 수 있다. 물론 2023년 모든 요일의 안녕지수는 코로나 첫해인 2020년의 안녕지수보다 높지만, 그 차이는 유독 금요일에 가장 컸다. 다행히도 주말이 전해주는 행복의 효과가 유지되며, 점점 회복되고 있는 것으로 보인다.

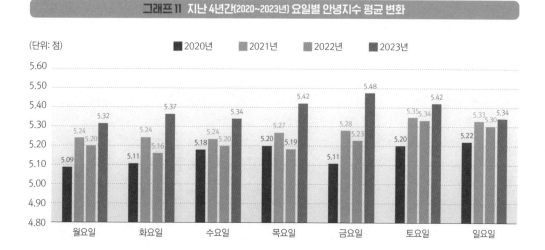

그래프 11 지난 4년간(2020~2023년) 요일별 안녕지수 평균 변화

(단위: 점)   ■2020년 ■2021년 ■2022년 ■2023년

가장 행복했던 날은 언제였을까? 2023년 한 해 동안 안녕지수가 가장 높았던 날은 9월 29일 금요일이었다. 이날은 추석 연휴에 해당하는 날이었다(그래프 12). 2023년 추석 연휴는 목요일(28일)부터 다음 주 월요일(10월 2일, 대체공휴일)이었으며, 10월 3일(화요일) 개천절을 감안했을 때 길게는 6일이나 쉬는 것이 가능한 주간이었다. 가장 행복한 날 베스트 5 중 나머지 4일을 살펴보면 3일이 토요일, 1일이 일요일이었다. 이는 마찬가지로 주말이 전해주는 행복이 여전히 유효하다는 점을 다시 한번 확인시켜준다.

카카오같이가치로 측정한 안녕지수에서 지난 5년을 기준으로 살펴봤을 때, 7월은 단 한 번도 베스트 5에 포함된 날이 없었다. 그런데 2023년에는 유독 3일이나 포함돼 있다는 점이 눈에 띈다. 2023년 7월에는 어떤 행복한 사건이 있었을까?

정확한 이유는 알 수 없지만, 7월에는 많은 한국 사람들에게 행복과 즐거움을 안겨주는 일이 있었다. 그중 하나가 한 동물원의 자이언트 판다가 쌍둥이 아기 판다를 출산한 날이 있었는데, 그날이 바로 7월 7일(새벽)이었다. 2023년 한 해 슈퍼스타로 자리매김한 자이언트 판다에 대한 전 국민의 뜨거운 관심을 비추어봤을 때, 2023년 7월 8일과 9일이 행복한 날 베스트 5에 모두 포함돼 있는 이유를 여기에서 찾을 수 있지 않을까?

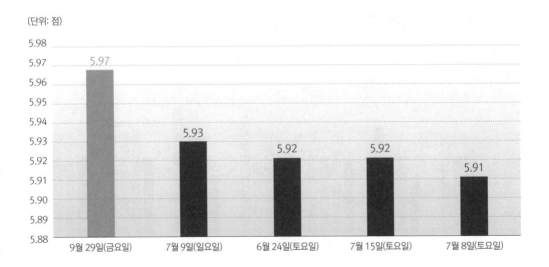

그래프 12 2023년 가장 행복한 날 베스트 5

(단위: 점)

- 9월 29일(금요일): 5.97
- 7월 9일(일요일): 5.93
- 6월 24일(토요일): 5.92
- 7월 15일(토요일): 5.92
- 7월 8일(토요일): 5.91

2023년 중
가장 행복하지
않았던 날은
10월 2일 월요일로,
이날은 추석 연휴의
마지막 날이었다.

2023년 중 가장 행복하지 않았던 날은 10월 2일 월요일로, 이날은
추석 연휴의 마지막 날이었다(그래프 13). 이는 연휴 이후 일상으로 회
복하는 시점에 사람들의 행복이 크게 감소했던, 이전의 결과와 크게
다르지 않다.

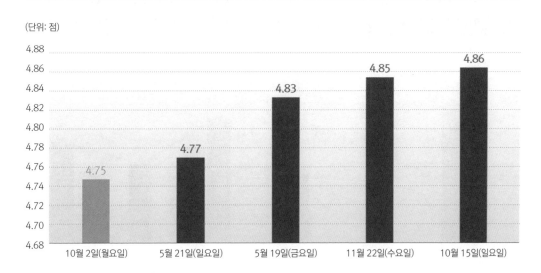

그래프 13 2023년 가장 불행한 날 워스트 5

(단위: 점)

4.75	4.77	4.83	4.85	4.86
10월 2일(월요일)	5월 21일(일요일)	5월 19일(금요일)	11월 22일(수요일)	10월 15일(일요일)

어린이날의 행복 점수는 해당 연도가 얼마나 행복했는지, 혹은 얼마나 불행했는지를 가늠하게 해준다. 한마디로 어린이날의 행복은 대한민국 행복의 바로미터(barometer)가 되는 날이라고 해도 과언이 아니다. 카카오같이가치 마음날씨를 통해 안녕지수를 측정해온 이래로 가장 행복했던 날 베스트 5에 속했던 어린이날은 코로나 첫해인 2020년, 그리고 지난해 2022년(3고 경제 위기)에 베스트 5에서 사라졌었다. 진정한 엔데믹에 접어든 2023년도 대한민국의 어린이날은 다시 행복한 날 베스트 5에 안착했을까?

어린이날의
행복

2023년도 어린이날의 행복 점수(5.46점)는 전년도인 2022년 점수(5.19점)보다 상승했지만 365일 중 146번째로 행복한 날에 그쳤다. 작년 후반기부터 시작된 이른바 경제 위기 속에서 어른과 아이 모두에게 큰 행복을 선사하던 어린이날의 행복은 2년째 그 회복세가 더딘 것처럼 보인다.

어린이날은 365일에 속한 다양한 형태의 휴일 중에서도 행복감이 높은, 그야말로 휴일 중의 휴일이었다. 어린이날이 속한 5월은 계절적으로도 따뜻하고 기분 좋게 활동하기 좋은 날이며, 어린이날뿐만 아니라 소중한 사람들과 고마움을 주고받는 포근하고 행복한 달로 손꼽힌다. 그런 5월의 어린이날의 행복이 낮다는 점, 심지어 2023년 가장 불행한 날 워스트 5에 이틀이 5월에 속해 있다는 점은 그 자체로 시사하는 바가 있을 것이다(그래프 14).

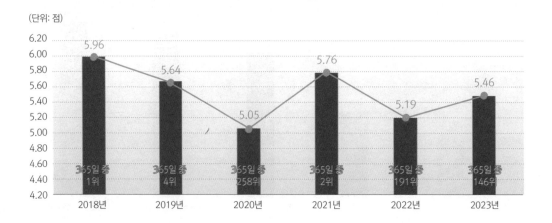

그래프 14 지난 6년간 어린이날 안녕지수 점수의 변화

(단위: 점)

	2018년	2019년	2020년	2021년	2022년	2023년
점수	5.96	5.64	5.05	5.76	5.19	5.46
순위	365일 중 1위	365일 중 4위	365일 중 258위	365일 중 2위	365일 중 191위	365일 중 146위

일 년 열두 달 중에서도 5월은 어린이날, 어버이날, 스승의날 등 소중한 사람들과 의미 있는 시간을 보내며 친밀한 인간관계를 기념하는 날이 그 어느 때보다도 많은 사회적 관계의 달이라고 할 수 있다. 특히 5월은 가정의 달로 불리기도 한다. 우리의 일상을 공유하는, 둘도 없는 친밀한 공동체인 가족 관계를 대표하는 달이 바로 5월이다. 그러나 이제는 어린이날에 대한 우리의 생각에, 좀 더 확장해, 5월은 가정의 달이라는 우리의 생각에 변화가 필요할지도 모른다.

**이제는 어린이날에 대한 우리의 생각에,
좀 더 확장해, 5월은 가정에 달이라는
우리의 생각에 변화가 필요할지도 모른다.**

한국은 빠르게 1인 가족 문화가 발달하고 있는 국가 중 하나에 속한다. 대한민국에서 1인 가구는 꾸준히 증가하고 있으며, 2021년을 기준으로 700만 가구를 넘어섰다. 이 수치는 정부가 관련 통계를 집계하기 시작한 1980년 이후 처음이다. 2022년 1인 가구는 750만 가구로 이는 전체 가구의 34.5%에 해당하는 수치이며(2023년 12월 12일 기준, 그래프15), 20년 전과 비교했을 때 두 배 이상 증가한 숫자다. 즉 현재 한국 사회에서 세 가구 중 한 곳은 1인 가구임을 의미한다.

1인 가구의 증가 속도 역시 가파른데, 최근 5년 사이에 그 증가폭이 매우 크게 나타나고 있다. 예컨대 2018년 전체 가구 중 1인 가구 비중은 전체 가구 중 29.3%였으나 2019년 30.2%를 기록해 사상 첫 30%를 돌파하고, 이어 2020년에는 664만 3,000가구로 전체 가구 중 31.7%를 기록하는 등 빠르게 증가하고 있다.

핵개인 시대 속 어린이날의 의미는 변화하는 중

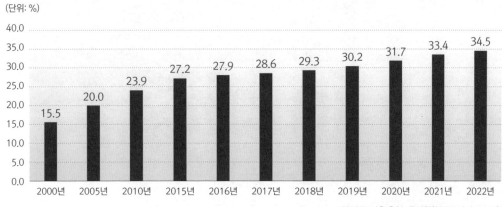

그래프 15 대한민국의 1인 가구 비율의 변화(전국)

(단위: %)

40.0
35.0
30.0
25.0
20.0
15.0
10.0
5.0
0.0

15.5 20.0 23.9 27.2 27.9 28.6 29.3 30.2 31.7 33.4 34.5

2000년 2005년 2010년 2015년 2016년 2017년 2018년 2019년 2020년 2021년 2022년

1인 가구 비율 출처: 통계청(인구조사과, 2022)

다른 말로 하면, 우리 사회를 이루는 가장 기본적인 집단이 과거에는 핵가족이었다면, 현재는 '핵개인'*으로 변화하고 있는 중이라고 할 수 있다. 이런 사회적 변화를 감안한다면, 가족의 의미를 되새기고 소중한 사람들과 특별한 시간을 보내는 다양한 연휴로 이뤄진 5월은 한국 사회에서 그 의미가 많이 변화하고 있다고도 볼 수 있지 않을까?

앞으로 어린이날은 한국 사회에서 다른 휴일과 크게 다르지 않은, 적어도 특별히 더 의미 있는 공휴일이 아닐지도 모른다. 1인 가구 증가와, 그로 인해 많은 것들을 혼자 해결하는 시대에서 가족이나 연인, 친구 등 사회적 관계의 중요성을 내포하는 연휴나 공휴일은 과거에 비해 우리의 행복에 미치는 임팩트가 다소 감소하는 추세로 보인다. 비록 어린이날이 전해주는 행복은 이전과 같지 않지만, 반대로 과거보다 더 큰 행복을 가져다주는 특별한 날이 무엇이 될지 향후 탐색해보는 것이 흥미로운 과제가 될 터이다.

한국은 빠르게 1인 가족 문화가 발달하고 있는 국가 중 하나에 속한다. 대한민국에서 1인 가구는 꾸준히 증가하고 있으며, 2021년을 기준으로 700만 가구를 넘어섰다.

* 『시대예보: 핵개인의 시대』(송길영 저) 참고.

Happiness in 2023

Keyword 3

2023년 가장 행복한 사람

연령과 성별에 따른 안녕지수

2023년 코로나의 그늘을 벗어나 일상을 회복한 대한민국에서 가장 행복한 사람은 누구였을까? 그리고 여전히 행복의 위기에서 벗어나지 못하고 있는 이들은 누구일까? 연령과 성별을 기준으로 2023년 대한민국의 행복 상태를 분석해보았다.

2023년, 코로나 위기 발생 3년 4개월 만에 대한민국은 '심각' 단계에서 '경계'로 하향 조정됐고, 코로나 바이러스가 4급 감염병으로 분류됨에 따라 국민들의 일상 회복이 본격적으로 시작됐다. 주요 방역 조치, 예를 들어 마스크 착용 의무 등이 자율적으로 전환되면서 국민 10명 중 8명이 "우리 사회가 코로나로부터 일상을 회복하고 있다"고 인식했다(질병관리청 보도자료, 2023).

2023년 코로나의 그늘을 벗어나 일상의 빛을 맞이한 대한민국에서 가장 행복한 사람은 누구였을까? 또한 지난해 경제 위기와 함께 찾아온 행복의 위기를 겪은 대한민국에서, 2023년에 회복을 이룬 사람들은 누구일까? 그리고 여전히 행복의 위기에 직면하고 있는 사람들은 누구일까? 이러한 질문에 대한 답을 찾기 위해 2023년 대한민국의 행복 상태를 연령과 성별을 기준으로 분석해보았다.

지난해 경제 위기와 함께 찾아온
행복의 위기를 겪은 대한민국에서,
2023년에 회복을 이룬 사람들은 누구일까?
그리고 여전히 행복의 위기에
직면하고 있는 사람들은 누구일까?

엔데믹 속 찾아온 반가운 손님, 행복

안녕지수를 측정한 이래로, 연령별 안녕지수의 추세는 완만한 U자형 패턴을 보였다. 10대에서 하락하기 시작하여 20대부터 40대에 이르는 기간 동안 저점을 찍고, 이후 상승세를 보이며 60대에서 다시 고점을 이루는 경향이었다. 그러나 2023년 연령별 안녕지수는 J자형에 가까운 패턴(**그래프16** 실선)이었다. 즉 안녕지수는 10대에서 20대로 넘어가면서 겪는 소폭의 감소를 시작으로, 연령이 증가함에 따라 60대에 이르기까지 뚜렷한 상승 곡선을 그리며 증가했다.

이는 전년도 U자형 패턴(**그래프16** 점선)에 비해 30대와 40대에서 안녕감이 20대와 격차를 벌리며 패턴의 변화가 두드러진 것이다. 특히 40대 안녕지수는 단순히 20대를 웃도는 것에 그치지 않고, 2022년 전체 연령대 평균(5.24점)보다 낮았던 수치를 뒤집어, 2023년에는 상승한 평균(5.38점)을 넘어섰다. 또한 2023년 안녕지수 패턴에 60대 이상의 급격한 상승도 주요한 역할을 했다. 안녕지수를 측정해온 이래 60대 이상은 항상 1위를 유지해왔으나, 평균 점수가 6점 이상을 기록한 것은 2023년이 처음이다.

이어서 2023년 대한민국의 연령별 안녕감을 이해하기 위해 올해 2023년 안녕지수가 이전과 비교해 얼마나 상승했는지(또는 하락했는지) 살펴보고자 한다.

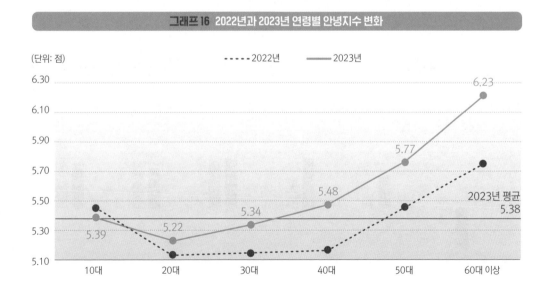

그래프 16 2022년과 2023년 연령별 안녕지수 변화

(단위: 점) ----- 2022년   ——— 2023년

- 5.39 (10대)
- 5.22 (20대)
- 5.34 (30대)
- 5.48 (40대)
- 5.77 (50대)
- 6.23 (60대 이상)

2023년 평균 5.38

그래프17 은 연령별로 2023년의 안녕지수가 코로나 팬데믹 이전인 2019년, 지난해 2022년과 비교하여 어떻게 변동했는지 보여주고 있다. 세로축의 0%를 기준으로 변동률이 양의 값일 경우 특정 연도에 비해 2023년의 안녕지수가 증가했음을 나타내고, 음의 값이면 특정 연도 대비 2023년의 안녕지수가 감소했음을 의미한다.

2023년의 안녕지수는 20대 이상에서 이전 연도들에 비해 상승하는 추세를 보였다. 특히 2019년 이후 코로나 팬데믹과 경제적 불안정 등의 어려움을 겪고 회복하는 과정에서 대한민국이 이러한 도전들을 직면하기 전보다 더 높은 수준의 안녕감을 경험한 것은 주목할 만한 현상이다.

심리학자들은 이러한 현상을 '외상 후 성장(Post-Traumatic Growth)'으로 설명한다(Tedeschi & Calhoun, 1995). 기존 연구에 따르면, 사람들은 역경을 겪은 뒤 이전 수준을 넘어 더 높은 삶의 만족감을 경험하며, 새로운 도전에 대해 덜 부정적으로 반응하는 경향이 있다(Seery et al., 2010). 더 나아가 역경은 작은 즐거움에 대해 감사하는 능력을 향상시키는 역할을 한다(Croft et al., 2013).

지난해 2022년과 비교했을 때, 2023년에는 60대 이상에서 8.10%의 매우 높은 안녕감 상승이 나타났다. 이에 대한 명확한 이유는 알기 어렵지만, 코로나 팬데믹이 장기화된 상황에서 일상 회복에 큰 진전을 이루었다는 국민들의 인식과 연관 지어 생각해볼 수 있다. 코로나 팬데믹은 사람들에게 두려움, 불확실성, 그리고 불안감을 주

특히 나이가 많은 연령층은 신체적으로뿐만 아니라 우울증과 같은 정신적 건강 문제에도 커다란 위협을 받았다.

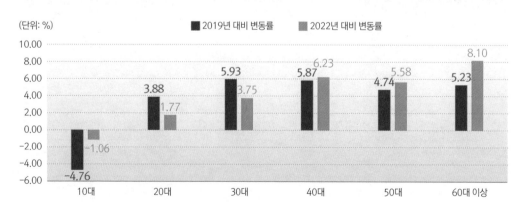

그래프17 2019년과 2022년 대비 2023년 연령별 안녕지수 변동률

(단위: %)
■ 2019년 대비 변동률　■ 2022년 대비 변동률

연령	2019년 대비 변동률	2022년 대비 변동률
10대	-4.76	-1.06
20대	3.88	1.77
30대	5.93	3.75
40대	5.87	6.23
50대	4.74	5.58
60대 이상	5.23	8.10

결과적으로 2023년 대한민국은 지난 3년간의 코로나를 극복하며 더 행복해진 것으로 보인다.

었다(Trzebiński et al., 2020). 특히 나이가 많은 연령층은 신체적으로뿐만 아니라 우울증과 같은 정신적 건강 문제에도 커다란 위협을 받았다(Oh et al., 2021).

그간 60대 이상은 코로나에 더 취약하다는 인식하에 가능한 집에 머무르고, 불가피한 외출 시 반드시 마스크를 착용하며, 기저질환 치료제를 꾸준히 복용하는 등의 철저한 생활수칙을 준수했을 것이다. 실제로 연령이 높을수록 자신의 감염에 대한 우려가 더 컸으며(20대 27% 대비 70대 이상 61%), 실내외에서 마스크 착용을 더 하는 경향이 있었다(20대 26% 대비 70대 이상 50%)(한국갤럽, 2023a).

이러한 지침은 2023년에도 여전히 중요하고, 고위험군에서의 코로나 중증화율과 치명률은 여전히 높다(질병관리청 보도자료, 2023). 그러나 코로나에 대한 일반적인 우려가 줄어들면서 사람들이 점차 이전의 일상으로 돌아가려는 분위기가 고위험군에게 마음의 안정을 제공했을 것이다. 그리고 이러한 변화는 고위험군이 일상으로 돌아가며 경험하는 작은 즐거움들을 통해(Croft et al., 2013) 전반적인 안녕감을 높이는 데 기여했을 것으로 짐작된다. 결과적으로 2023년 대한민국은 지난 3년간의 도전을 극복하며 더 큰 행복을 맞이한 것으로 보인다.

그러나 모든 연령대에서 안녕감의 변화가 동일한 방향성을 보인 것은 아니었다. 10대의 경우 2023년의 안녕지수는 2019년과 지난해 2022년에 비해 감소하는 경향을 보였다(그래프17). 심지어 코로나 1년 차 2020년(-0.66%), 2년 차 2021년(-3.35%)에 비해서도 낮은 수치를 기록했다. 그러나 2023년 10대의 안녕지수 평균은 5.39로, 20대와 30대의 평균보다 여전히 높았다(그래프16).

그럼에도 불구하고, 2023년에 10대만 유독 코로나 이전과 작년에 비해 안녕지수가 하락했다는 점을 비춰봤을 때 이들의 행복을 저하시킨 요인을 분석해볼 필요가 있다. 이에 한 걸음 다가가기 위해 2023년에 안녕지수 하위 지표들 중 가장 큰 감소를 보인 부분을 살펴보았다.

2023년의 10대 안녕지수 하위 지표를 2022년과 비교해보면, 놀랍게도 스트레스와 부정정서 점수는 모두 감소했으나 삶에 대한 만족감, 삶의 의미, 행복, 즐거움, 평안함 점수는 모두 큰 폭으로 하락했

다(그래프 18). 코로나 이전인 2019년과 비교했을 때도 짜증과 우울은
오히려 감소한 반면, 긍정적 지표는 모두 줄어들었다.

주목해야 할 점은 2023년의 스트레스, 지루함, 불안과 같은 부정
적 지표가 2019년에 비해 증가했음에도 불구하고, 이러한 부정적
지표의 증가폭보다 긍정적 지표의 감소폭이 더 크다는 것이다. 즉
2019년과 2022년에 비해 감소한 10대의 2023년 안녕지수는 단순
히 스트레스나 부정정서를 더 많이 경험했기보다는 삶에 대한 만족
감, 삶의 의미, 행복, 즐거움, 평안함을 현저히 덜 느낀 것으로 나타
났다.

이러한 결과로 올해 10대들이 겪은 도전과 어려움을 정확히 파악하
기는 어렵다. 그러나 2023년 10대의 긍정정서에 변화가 있다는 것
은 분명하며, 우리가 향후 10대의 안녕감, 특히 긍정적인 심리 경험
수준에 지속적인 관심을 기울일 필요가 있음을 시사한다.

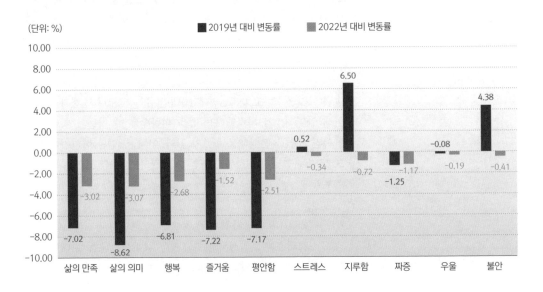

그래프 18 10대의 2019년과 2022년 대비 2023년 안녕지수 하위 지표 점수 변동률

청춘의 불안, 중년의 부담, 노년의 꽃길

매년 안녕지수 하위 지표에서 60대 이상의 연령층이 최고 점수를 유지해왔다. 2023년에도 이러한 경향은 변함없이 나타났다. "인생은 60대부터"라는 말이 실감 나듯, 60대 이상은 긍정적인 심리 경험(삶의 만족, 삶의 의미, 긍정정서)에서 눈에 띄게 높은 점수로 1위를 차지했으며, 부정적인 심리 경험(스트레스, 부정정서)에서는 부동의 6위를 유지했다. 이와 대조적으로 20대는 긍정적인 심리 경험에서 가장 낮은 점수를, 부정적인 심리 경험 중 특히 부정정서에서는 가장 높은 점수를 기록했다. 한편 스트레스는 40대가 가장 많이 경험했다.

안녕지수 하위 지표에서 연령에 따른 가장 큰 점수 차이는 '삶의 의미'에서 나타났다(그래프19). 삶의 의미란 자신의 삶을 소중히 여기고, 인생 목적과 내적 동기를 가지며, 그 과정을 일관성 있게 해석하여 삶을 전체적으로 이해하는 것을 말한다(Martela & Steger, 2016). 연령대별로 살펴보면, 10대부터 30대까지는 평균(5.58점)보다 낮은 수준에서 삶의 의미를 경험하고, 40대로 접어들면서 점수가 급격히 상승하여 60대 이상에서는 20대의 최저점보다 무려 1.31점이나 높게 삶의 의미를 경험했다.

이러한 결과는 삶의 후반기에 있는 사람들이 초기 단계에 있는 사람들보다 삶을 더 의미 있게 느낀다는 기존 연구와 일치한다(Reker, 2005; Steger et al., 2009). 특히 40대는 다른 연령대에 비해 높은 스트레스를 경험함에도 불구하고(그래프20) 삶의 의미를 상대적으로 높게 체감하고 있었다(그래프19). 이는 40대가 가정에서의 안정과 직업적 성취와 같은 여러 중요한 과제들로 정신적 부담을 느끼면서도 그 속에서 의미를 깊이 있게 발견하고 경험하고 있음을 짐작해볼 수 있다.

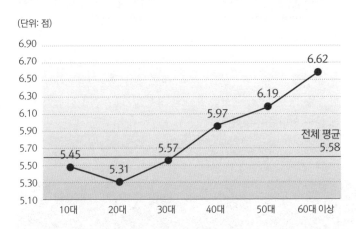

그래프 19 2023년 연령별 삶의 의미 변화

(단위: 점)

전체 평균 5.58

10대	5.45
20대	5.31
30대	5.57
40대	5.97
50대	6.19
60대 이상	6.62

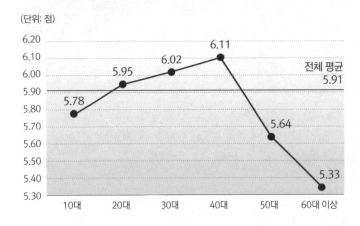

그래프 20 2023년 연령별 삶의 스트레스 변화

(단위: 점)

전체 평균 5.91

10대	5.78
20대	5.95
30대	6.02
40대	6.11
50대	5.64
60대 이상	5.33

감사함을 자주 느끼는 사람들은
삶을 더 의미 있게 바라보고,
덜 지루하게 지내는 경향이 있다.

다른 연령대에 비해 20대는 삶의 의미를 경험하는 데 가장 큰 어려움을 겪었다. 사회의 첫걸음을 내딛는 20대가 일자리 부족과 치열한 경쟁 속에서 목표를 설정하고 내적 동기를 유지하기란 쉽지 않은 일이다. 이 연령대는 유독 불안감과 지루함을 많이 경험했는데, 이는 자신과 삶의 가치에 대한 충분한 이해가 부족한 상태에서 끊임없는 사회적 · 경제적 도전에 직면해 있는 상황과 관련이 있을 것이다. 특히 지루함은 삶에서 의미를 느끼지 못할 때 나타나는 중요한 신호로 여겨지며(Van Tilburg & Igou, 2012), 사람들은 지루함을 견디기보다는 부정적인 행동을 선택할 정도로 지루함을 불쾌하게 여긴다(Bench & Lench, 2019; Wilson et al., 2014).

그렇다면 삶의 의미를 높일 수 있는 방법은 없을까? 당장 삶의 의미를 경험하는 게 어렵다면, 자신의 긍정적인 측면에 주목하고 이를 소중히 여기는 마음을 기르는 게 좋은 출발점이 될 수 있을 것이다. 실제로 감사하는 마음을 자주 느끼는 사람들은 삶을 더 의미 있게 바라보고, 지루함을 덜 경험하는 경향이 있다(O'Dea et al., 2023). 작은 것들에 대해 지속적으로 감사하는 마음이 20대의 변화와 도전 속에서도 의미 있는 삶과 긍정적인 태도를 유지하는 데 작은 희망이 되길 바란다.

유독 추운 겨울을 보낸 여성

2023년 한 해 동안 성별에 따른 안녕지수 변화를 살펴본 결과, 남성의 평균 안녕지수는 5.64로 여성의 평균 안녕지수 5.29보다 높았다 (그래프 21). 안녕지수의 하위 지표에서도 같은 패턴이 관찰됐다. 삶의 만족, 삶의 의미, 긍정정서와 같은 긍정적인 심리 경험에서는 남성의 점수가 여성보다 더 높았고, 스트레스나 부정정서와 같은 부정적인 심리 경험에서는 여성이 남성보다 높은 점수를 기록했다. 이러한 성별 간 기저 수준의 차이는 안녕지수 측정 이래 지속적으로 나타난 결과이며, 코로나 팬데믹이 엔데믹으로 전환하는 현재 시점에서도 계속됐다.

그렇다면 남성이 여성보다 일 년 내내 더 행복했을까? 이 질문에 답하기 위해 1월부터 12월까지 남성과 여성의 안녕지수 궤적을 그려 보았다. 그래프 22 에서 볼 수 있듯이, 남성의 안녕지수 궤적은 여성의 안녕지수 궤적보다 항상 더 높게 위치해 있다. 즉 남성은 일 년 내내 여성의 점수를 크게 상회하는 안녕감을 경험했다. 특히 연초에서 연말로 갈수록 남녀 간의 행복 차이는 더욱 벌어졌다. 심지어 여성이 최고로 경험한 안녕지수(2월, 5.48점)는 남성이 최저로 경험한 안녕지수(5월, 5.49점)와 비슷했다.

이러한 패턴은 삶의 만족, 삶의 의미, 긍정정서에서도 동일하게 나타났으며, 스트레스와 부정정서에서도 남성의 점수가 일관되게 여성보다 낮았다(그래프 23). 2023년 동안 여성은 남성에 비해 긍정적인 심리 경험을 적게 했을 뿐만 아니라 더 많은 부정적인 감정을 느끼고 더 많은 스트레스를 받았다.

그래프 21 2023년 성별 안녕지수 및 하위 지표 평균값

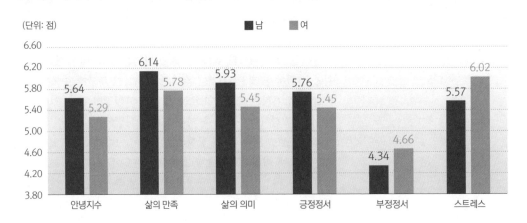

(단위: 점) ■ 남 ■ 여

	안녕지수	삶의 만족	삶의 의미	긍정정서	부정정서	스트레스
남	5.64	6.14	5.93	5.76	4.34	5.57
여	5.29	5.78	5.45	5.45	4.66	6.02

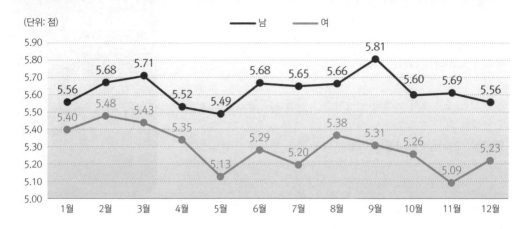

그래프 22 2023년 성별에 따른 월별 안녕지수 변화

(단위: 점)

남 여

	1월	2월	3월	4월	5월	6월	7월	8월	9월	10월	11월	12월
남	5.56	5.68	5.71	5.52	5.49	5.68	5.65	5.66	5.81	5.60	5.69	5.56
여	5.40	5.48	5.43	5.35	5.13	5.29	5.20	5.38	5.31	5.26	5.09	5.23

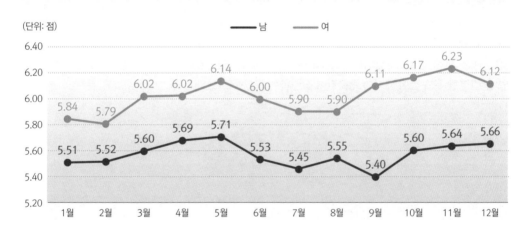

그래프 23 2023년 성별에 따른 월별 스트레스 변화

(단위: 점)

남 여

	1월	2월	3월	4월	5월	6월	7월	8월	9월	10월	11월	12월
여	5.84	5.79	6.02	6.02	6.14	6.00	5.90	5.90	6.11	6.17	6.23	6.12
남	5.51	5.52	5.60	5.69	5.71	5.53	5.45	5.55	5.40	5.60	5.64	5.66

단순히 남녀의 평균 차이를 넘어 월별 행복 수준의 변화 추이에서
도 차이가 나타났다. 남성과 달리 여성의 행복 수준은 연말로 갈수
록 점점 감소하는 경향을 보였다(그래프 22). 남성과 여성 모두 5월에
안녕지수가 하락했으나, 남성은 이후 회복세를 보였다. 그에 반해
여성은 일시적으로 회복하는 듯했지만, 11월에 다시 하락하여 연말
의 안녕지수가 연초에 비해 낮게 나타났다. 이는 일반적으로 연말에
행복이 반등하는 이른바 '연말 효과'조차 여성에게 나타나지 않았
음을 의미한다. 2023년 겨울은 유독 여성에게 추웠던 것이다.

여성의 삼중 월요일

다음으로 월별 행복 수준 분석에 이어 남성과 여성의 요일별 행복 수준을 비교해보았다. 월요일부터 일요일까지 남성과 여성의 행복은 어떻게 변화했을까? 과연 남성과 여성은 금요일에 행복감이 상승하는 '불금 효과'를 누렸을까? 또한 월요일에 행복감이 하락하는 '월요병'에 심하게 앓지는 않았을까?

먼저, 모든 요일에서 남성의 안녕지수가 여성보다 높았으며, 심지어 남성의 최저 행복 수준은 여성의 최고 행복 수준보다도 높았다(그래프 24). 흥미롭게도 남성과 여성이 가장 높은 행복을 느낀 요일과 가장 낮은 행복을 느낀 요일이 달랐다. 남성은 금요일에 가장 큰 행복을 느꼈지만 토요일에 행복감이 급격히 감소하여 월요일 수준으로 떨어졌다가 화요일에 다시 증가했다. 반면 여성은 토요일에 가장 큰 행복을 느꼈지만 일요일부터 수요일까지 행복 수준이 낮은 상태를 유지하다가 목요일부터 서서히 회복했다.

이러한 결과는 남성과 여성 모두 '불금 효과'를 경험했으나 아쉽게도 '월요병'에 영향을 받았음을 보여준다. 그러나 남성은 월요병을 겪은 후 다음 날에 빠르게 회복하여 주중 내내 높은 안녕감을 유지했다. 이에 반해 여성은 월요병이 수요일까지 이어지며 '삼중 월요일'을 경험한 후 주말이 돼서야 행복감이 상승하는 경향을 보였다.

그래프 24 2023년 성별에 따른 요일별 안녕지수 변화

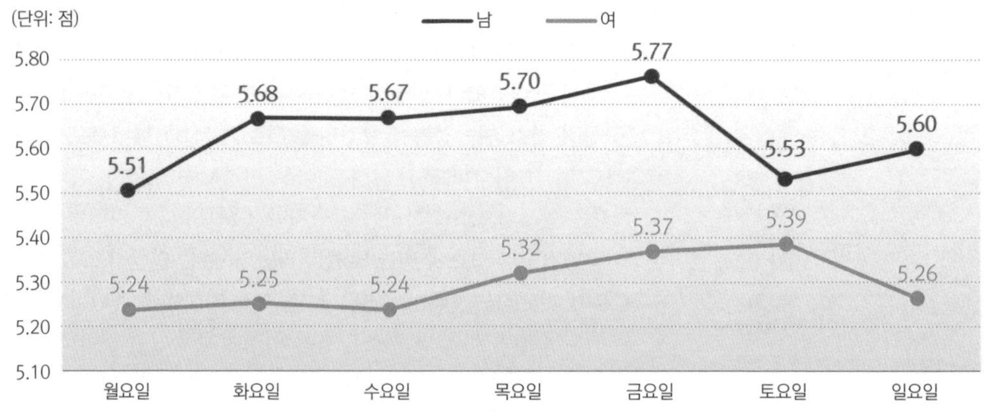
(단위: 점)
남
여
5.80
5.70
5.60
5.50
5.40
5.30
5.20
5.10
5.51
5.68
5.67
5.70
5.77
5.53
5.60
5.24
5.25
5.24
5.32
5.37
5.39
5.26
월요일
화요일
수요일
목요일
금요일
토요일
일요일

**노년의
꽃길에서
남성과 여성이
만나다**

앞서 우리는 2023년 대한민국의 행복이 연령과 성별에 따라 다르다는 것을 보았다. 청년층에 비해 노년층에서, 그리고 여성에 비해 남성에서 더 높은 행복 수준이 관찰됐다. 다음은 성별과 연령을 모두 고려하여 2023년에 가장 행복한 사람이 누구였는지 알아보았다.

남성과 여성의 안녕지수 모두 20대에서 하락한 후, 30대를 지나 60대 이상에 이르기까지 가파르게 상승하는 J자형 패턴을 보인다(그래프 25). 모든 연령대에서 남성이 여성보다 더 높은 행복 수준을 보였으며, 이는 특히 10대에서 두드러졌다. 10대 남성의 안녕지수는 평균을 상회하는 반면, 10대 여성은 남성보다 약 0.6점 낮은 안녕지수를 기록하며 평균 이하의 행복을 경험했다.

이러한 10대 남녀 차이는 안녕지수의 모든 하위 지표에서 관찰됐으며, 그중에서도 삶의 의미에서 가장 큰 차이가 나타났다(그래프 26). 2023년에는 10대 남성이 10대 여성보다 약 1점의 상당한 차이로 삶의 의미를 더 높게 경험했다.

이때 10대 여성의 안녕지수와 유사하게 낮은 수치를 보이거나, 심지어 그보다 더 낮은 수치를 보인 집단이 있는데, 바로 20대 여성이다. 비록 20대 남성의 안녕지수가 하락해 남녀 간의 차이가 10대에 비해 줄었지만, 20대 여성은 가장 낮은 행복 점수를 기록하며 10대 다음으로 가장 큰 격차를 보였다. 이러한 결과는 2023년에만 나타난 것이 아니라 코로나 팬데믹 이전부터 안녕지수를 측정해온 이래

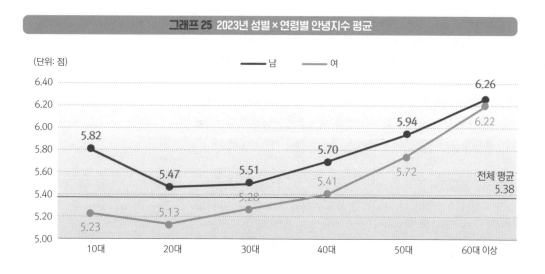

그래프 25 2023년 성별 × 연령별 안녕지수 평균

(단위: 점)

남   여

6.40
6.20
6.00
5.80
5.60
5.40
5.20
5.00

10대   20대   30대   40대   50대   60대 이상

남: 5.82   5.47   5.51   5.70   5.94   6.26
여: 5.23   5.13   5.28   5.41   5.72   6.22

전체 평균
5.38

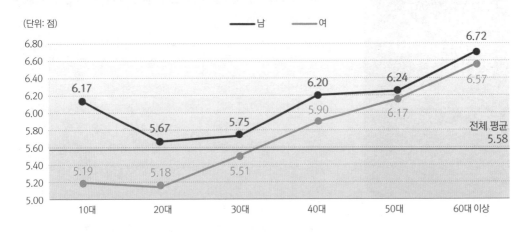

(단위: 점)　　　　　　　　　　　━━ 남　　━━ 여

6.80 — 6.72
6.60 — 6.57
6.40 —
6.20 — 6.17 ... 6.20 ... 6.24
6.00 — 5.90 ... 6.17
5.80 — 5.75
5.60 — 5.67
5.40 —
5.20 — 5.19 ... 5.18 ... 5.51
5.00 —

전체 평균 5.58

10대　　20대　　30대　　40대　　50대　　60대 이상

로 지속적으로 관찰돼온 패턴이며, 20대 여성의 행복 점수가 매년 가장 낮게 나타났다.

이번 해에도 20대 여성은 삶의 만족, 삶의 의미, 긍정정서 점수가 가장 낮았고 지루함과 불안 점수는 가장 높았다. 2023년은 20대 여성에게 지루하고 불안한 일상 속에서 긍정적인 심리 경험을 충분히 누리지 못한 해였다. 이와 대조적으로 스트레스, 짜증, 우울 지표에서 가장 높은 점수를 기록한 그룹은 40대 여성이었다. 그러나 40대 여성은 부정적인 심리 경험을 많이 겪었음에도 불구하고, 긍정적인 심리 경험을 통해 20대에 비해 상대적으로 높은 행복 수준을 기록했다.

여기서 주목할 점은 남성이 모든 연령대에서 여성보다 높은 행복 수준을 보였지만, 50대와 60대 이상에서는 남녀 간의 행복 차이가 해소됐다는 것이다. 10대 여성은 남성에 비해 현저히 낮은 행복을 경험하고, 20대 여성은 모든 연령대 중에서 가장 낮은 행복감을 보였다. 하지만 여성은 나이가 들면서 점차 행복감을 높여가며, 특히 60대에서 행복감이 최고조에 달하여 남성과의 행복 차이를 없앴다.

그래프 25 와 그래프 26 에서 볼 수 있듯이, 20대 이후 여성의 안녕지수와 삶의 의미 점수가 남성에 비해 뚜렷하고 가파르게 상승하는 추세를 보였다. 이는 여성의 행복이 나이가 들어감에 따라 성장하며, 삶의 후반기에 남성과 함께 최고점에 이른다는 것을 시사한다.

남성이 모든 연령대에서 여성보다 높은 행복 수준을 보였지만, 50대와 60대 이상에서는 남녀 간의 행복 차이가 해소됐다.

20대 이후 여성의 안녕지수와 삶의 의미 점수가
남성에 비해 뚜렷하고 가파르게 상승하는 추세를 보였다.
이는 여성의 행복감은 나이가 들면서 증가하며,
삶의 후반기에 남성과 함께 최고점에 이른다는 것을 시사한다.

Happiness in 2023

Keyword 4

빅 이벤트는 우리의 행복에
영향을 미쳤을까?

사회적 사건과 안녕지수

2023년에는 다양한 사회적 사건들로 인해 묻지마 테러 위협이 언제 어디서든 벌어질 수 있다는 인식이 고조되고 사회적 안전망에 대한 불안이 증가했다. 신림역 칼부림 사건, 서현역 흉기 난동 사건 등 한 해 동안 우리 사회에서 발생한 사회적 사건들이 우리의 행복에 어떻게 영향을 미쳤는지 살펴보았다.

2023년에는 다양한 사건들이 있었고, 이로 인해 울고 웃는 한 해를 보냈다. 그중에서도, 안타까운 일이지만 2023년은 대한민국에서 불특정 다수를 대상으로 한 묻지마 범죄 및 테러 실행 혹은 테러 예고 사건이 동시다발적으로 발생하며 많은 이로 하여금 불안감을 고조시킨 한 해이기도 했다.

2023년 7월 21일, 대낮 서울 도심에서 벌어진 신림역 칼부림 사건을 시작으로, 8월 3일 서현역 흉기 난동 사건이 연쇄적으로 발생했다. 그뿐 아니라 실제 흉기를 들고 현장까지 갔으나 미수에 그친 사건들도 다수 있었고, 다양한 루트를 통해 동시다발적으로 칼부림 예고가 터지면서 길거리에서 흉기를 소지한 사람이 돌아다닌다는 내용이 뉴스에 1시간마다 보도될 정도이기도 했다.

사태의 심각성이 높아지자 심지어 8월 4일에는 테러가 예고된 지역에 장갑차를 투입하고 경찰특공대 대원들을 배치하는 등 초강경 대응에 나서는 일이 벌어지기도 했다. 이러한 사태로 인해 나름 괜찮은 치안을 자랑으로 하는 대한민국에서도 묻지마 테러 위협이 언제 어디서든 벌어질 수 있다는 인식이 고조되고, 사회적 안전망에 대한 불안이 증가했으며, 모르는 사람은 절대 믿을 수 없다는 생각이 사람들에게 자리 잡히게 됐다.

묻지마 범죄와 불안 고조

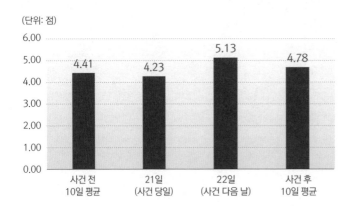

그래프 27 신림동 범죄 사건과 불안 점수

(단위: 점)

사건 전 10일 평균	21일 (사건 당일)	22일 (사건 다음 날)	사건 후 10일 평균
4.41	4.23	5.13	4.78

이러한 사건이 사람들의 마음 건강, 특히 불안감에 어떤 영향을 미쳤을까? 이를 알아보기 위해 서울특별시 관악구 신림역에서 대낮에 벌어진 범죄 전후로 사람들의 불안이 어떻게 변화했는지를 살펴보았다.

그래프 27 을 보면, 사건 당일인 7월 21일에 측정된 대한민국 전체 불안 점수의 평균인 4.23점은 사건 다음 날인 7월 22일에 무려 5.13점으로 상당히 큰 폭으로 증가했다. 이 점수는 2023년도 불안 점수의 전체 평균인 4.59보다 높은 점수다. 사건 전후 10일 동안의 불안 점수 평균을 살펴보면, 사건이 발생하기 전 10일(7월 11~20일) 동안의 평균 점수보다 사건 발생 후 10일(7월 22~31일) 동안의 불안 평균 점수가 더 높게 유지되고 있는 것을 볼 수 있다.

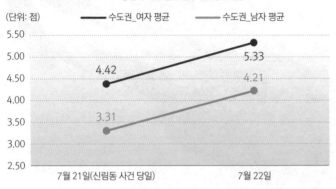

그래프 28 거주지역(수도권 vs. 비수도권)과 성별에 따른
신림동 사건일별 불안 점수

성별에 따른 불안 점수 변화(수도권)

(단위: 점) —— 수도권_여자 평균 —— 수도권_남자 평균

4.42
5.33
4.21
3.31

7월 21일(신림동 사건 당일)   7월 22일

여성은 수도권에
거주하든 비수도권에
거주하든 상관없이
묻지마 범죄 사건 이후
불안감이 크게 올랐다.

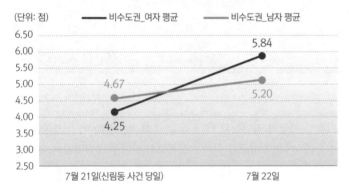

성별에 따른 불안 점수 변화(비수도권)

(단위: 점) —— 비수도권_여자 평균 —— 비수도권_남자 평균

5.84
4.67
5.20
4.25

7월 21일(신림동 사건 당일)   7월 22일

이번 사건은 모두 사람들의 유동인구가 굉장히 많은 지역이나 공간
에서 발생했다. 따라서 인구밀도가 상대적으로 더 높은 수도권(서
울 · 경기 · 인천)에 사는 사람들과 비수도권에 거주하는 사람들이 불
안 점수 변화에서 차이가 나타나는지, 그리고 성별에 따라서도 달라
지는지를 살펴보았다.

그래프 28 에서 볼 수 있듯이, 수도권에 거주하든 비수도권에 거주하든,
그리고 남성이든 여성이든, 범죄 직후인 다음 날에 모두 불안 점수
가 증가하는 패턴을 보였다. 그러나 조금 더 자세히 살펴보면, 성별
과 거주지역(수도권 vs. 비수도권) 간에 불안감 변화에서 차이가 있었
다. 수도권 지역에 거주하는 남성보다 비수도권 지역에 거주하는 남
성은 (물론 절댓값을 보면 수도권 지역의 남성 거주자보다 불안의 평균 점수가

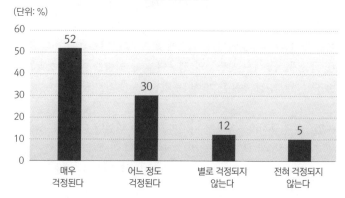

그래프 29 묻지마 범죄 피해에 대해 걱정하는 정도

**"불특정 다수를 위협하는 일명 '묻지마 범죄'로 피해를 당할까 봐 걱정되십니까,
걱정되지 않습니까?"**

(단위: %)

- 매우 걱정된다: 52
- 어느 정도 걱정된다: 30
- 별로 걱정되지 않는다: 12
- 전혀 걱정되지 않는다: 5

출처: 한국갤럽 데일리 오피니언 제554호(조사 기간: 2023년 8월 8~10일; 응답 방식: 전화조사원 인터뷰; 표본 크기: 전국 만 18세 이상 1,001명)

더 높긴 하지만) 증가폭만 놓고 본다면 크게 오르지 않아, 상대적으로 덜 변화를 겪은 것으로 보인다. 반면 여성은 수도권에 거주하든 비수도권에 거주하든 상관없이 사건 이후 불안감이 크게 오르는 패턴을 보였다.

실제로 이 기간에 실시된 국내 한 여론조사 결과에 따르면, 이유 없이 불특정 다수를 무차별적으로 위험에 빠뜨리는 범죄, 일명 묻지마 범죄로 인해 자신이 피해를 당할까 걱정되는지를 물었을 때 '매우 걱정된다'라는 응답이 전체 중 52%를 차지했고, '어느 정도 걱정된다'는 응답이 30%로 나타났다(그래프 29). 즉 성인 10명 중 8명은 자신이 무차별 범죄 피해의 대상이 될 수 있다는 점에 대해 걱정하고 있는 것으로 나타났다.

특히 이러한 우려는 남성보다 여성에게 더 크게 나타났는데, '매우 걱정된다'는 응답만 놓고 보면, 남성(40%)보다 여성(63%)에서 더 높은 것으로 나타났다(한국갤럽, 2023b). 대낮에 도심에서 벌어진 2023년 흉기 난동 사건은 여성과 남성을 가리지 않고 모든 사람에게 불안감을 증폭시켰지만, 그 영향력은 여성의 경우 거주지역을 가리지 않고 전반적으로 존재한다는 점을 시사한다.

2023년 11월 13일은 서울에 거주하는 야구팬들에게 잊지 못할 하루였다. LG 트윈스가 2023년 KBO 한국시리즈 5차전에서 4연승을 기록하며 홈구장인 잠실 야구장에서 우승을 확정 지은 날이기 때문이다. 이는 1994년 이후 무려 29년 만에 한국시리즈에서 거둔 우승이었다. 2023년 11월 13일은 모든 요일 가운데 사람들의 행복 점수가 가장 낮은 월요일이다. 그럼에도 불구하고 LG 트윈스의 우승은 서울에 거주하는 사람들의 행복에 어떤 영향을 미쳤을까? 월요병을 물리칠 만큼 행복을 가져다주었을까?

그래프 30 은 한국시리즈 5차전 마지막 경기가 있었던 11월 중 서울특별시 거주자들이 보고한 일요일과 월요일의 안녕지수 점수를 보여준다. 그래프를 통해 볼 수 있듯이, 11월 첫째 주와 셋째 주, 그리고 마지막 번째 주의 일요일과 월요일 행복 점수는, 주말인 일요일에서 월요일로 가게 되면서 자연스럽게 나타나는 행복 감소의 효과를 확인할 수 있다. 반면 한국시리즈에서 우승을 거둔 주간인 둘째 주 일요일(11월 12일)과 월요일(11월 13일)에는 정확히 반대 패턴의 결과를 확인할 수 있다. 즉 일요일보다 월요일의 행복 점수가 낮은, 지극히 자연스러운 일이 29년 만의 우승이라는 이벤트가 있었던 때에는 나타나지 않은 것이다.

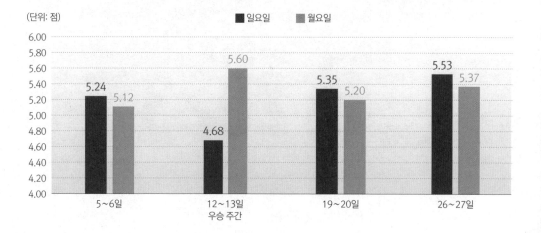

(단위: 점)   ■일요일   ■월요일

	5~6일	12~13일 우승 주간	19~20일	26~27일
일요일	5.24	4.68	5.35	5.53
월요일	5.12	5.60	5.20	5.37

LG 트윈스가 우승의 샴페인을 터뜨린 13일의 월요일은 11월의 월요일 중 가장 높은 행복 점수를 보였으며, 심지어 직전 날인 일요일보다도 월등히 높은 행복 상승의 효과를 보였다. 한마디로 월요병을 극복할 만큼의 행복을 가져다준 이례적인 이벤트였다.

물론 카카오같이가치 안녕지수에 응답한 사람들이 실제로 야구팬인지 정확히 알 수 없고, 서울에 거주하는 사람들이 모두 같은 팀을 응원하지는 않을 것이다. 그렇지만 LG 트윈스의 우승으로 들뜬 서울시의 분위기는 야구팬들을 넘어 서울에 거주하는 사람들에게 전반적으로 유쾌하고 즐거운 기분을 느끼게끔 고루 영향을 미쳤을 가능성이 있다.

한편 11월 12일(일요일)보다 13일(월요일)에 행복 점수가 높은 경향이 서울 외의 다른 지역에서도 나타나는지 살펴보았다. 서울시와 비교했을 때 월요일의 행복 점수가 더 높게 나타난 지역은 경상북도와 충청북도로 나타났다. 경상북도는 일요일(12일) 안녕지수(3.94점)보다 월요일(13일) 안녕지수(5.48점)가 약 1.5점 높았고, 같은 기간 동안 충청북도는 약 1.8점 더 높았다. 그러나 11월 전체로 살펴보면, 이 두 지역은 11월 둘째 주뿐만 아니라, 셋째 주(경북/충북)와 넷째 주(경북)에도 일요일보다 월요일의 행복 점수가 더 높았다. 따라서 서울에서 나타난 야구 경기 우승의 효과가 다른 지역에 동일하게 영향을 주었다고 보기는 어려울 것이다.

Happiness in 2023

Keyword 5

어떤 지역이 가장 행복했을까?

대한민국 지역별 안녕지수

2023년은 다양한 요소들로 인해 어려운 시기를 겪은 한 해였다. 해외 지역 거주자를 제외한 총 17개 지역에 거주하고 있는 사람들의 안녕지수를 비교하여 2023년 지역별 행복은 어떠했는지 알아보았다.

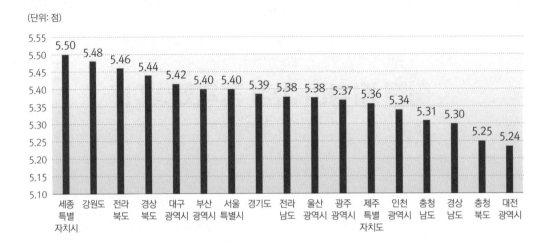

(단위: 점)

해외 지역 거주자를 제외한 총 17개 지역에 거주하고 있는 사람들의 행복을 비교한 결과, 2023년 가장 행복한 곳은 세종특별자치시로 나타났다(그래프 31). 세종시는 2019년부터 2023년까지 5년 동안 가장 행복한 지역 1위 자리를 지키고 있다. 단순히 순위만 높은 것이 아니라, 안녕지수의 평균 점수만 놓고 봐도 상승과 하락이 있긴 하지만 과거에 비해 계속 오르는 추세를 보이고 있다. 전체 안녕지수 외에도 삶의 만족도, 삶의 의미, 긍정적인 정서 모두 전반적으로 가장 높게 나타나는 지역이다.

세종 다음으로 행복한 지역은 강원도였다. 강원도는 최근 4년 사이에 행복 점수가 다른 지역에 비해 월등히 상승하는 추세를 보인 지역에 속한다. 표1을 보면, 강원도의 행복 점수는 2020년도만 해도 전체 지역 중 12번째로 비교적 행복 점수가 낮은 지역에 속했으나, 1년 사이에 무려 8계단이 상승하여 2021년에는 4위로 올라섰다. 그다음 해인 2022년에도 전체 중 네 번째로 행복한 지역 순위를 유지하다가, 2023년에는 더 상승하여 2위로 올라섰다. 지역 간 순위 변동뿐만 아니라, 강원도 내 연간 안녕지수 점수의 변화를 봐도 전반적으로 꾸준히 행복지수가 상승하는 추세를 보이고 있다.

해외 지역 거주자를 제외한 총 17개 지역에 거주하는 사람들의 행복 점수를 비교한 결과, 2023년 가장 행복한 곳은 세종특별자치시였다.

2023년 가장 행복 점수가 낮은 지역은 대전광역시였다. 지난 4년 동안 대전광역시의 안녕지수 순위는 해외 지역을 제외한 17개 지역 중 2020년도 11위, 2021년도 14위, 2022년도 12위로 변화해오다가 2023년에는 전체 중 가장 행복 점수가 낮은 지역으로 나타났다. 그러나 이 결과는 각 지역 간 안녕지수 차이를 토대로 분석한 것이므로 대전이 제일 행복하지 않다고 결론을 내릴 수는 없다. 각 지역 내 하위 구역에 따라 안녕지수에 차이가 있을 수 있기 때문이며, 절 댓값을 기준으로 봤을 때 대전광역시의 안녕지수는 전년도 2022년의 점수(5.19점)보다 상승한 점수이기 때문이다.

표1 지난 4년간 17개 지역별 안녕지수와 각 년도 내 순위 비교

지역	2020년도		2021년도		2022년도		2023년도	
	순위	안녕지수	순위	안녕지수	순위	안녕지수	순위	안녕지수
강원도	12	5.15	4	5.33	4	5.26	2	5.48
경기도	8	5.17	10	5.28	10	5.23	8	5.39
경상남도	7	5.18	6	5.29	8	5.23	15	5.30
경상북도	16	5.11	16	5.20	14	5.18	4	5.44
광주광역시	9	5.16	13	5.26	11	5.23	11	5.37
대구광역시	13	5.15	9	5.28	6	5.24	5	5.42
대전광역시	11	5.15	14	5.26	12	5.19	17	5.24
부산광역시	6	5.18	7	5.29	5	5.26	6	5.40
서울특별시	5	5.18	5	5.30	3	5.28	7	5.40
세종특별자치시	1	5.42	1	5.58	1	5.43	1	5.50
울산광역시	3	5.21	3	5.33	7	5.24	10	5.38
인천광역시	17	5.07	17	5.17	17	5.14	13	5.34
전라남도	4	5.19	11	5.27	9	5.23	9	5.38
전라북도	15	5.12	12	5.27	13	5.18	3	5.46
제주특별자치도	2	5.26	2	5.39	2	5.29	12	5.36
충청남도	14	5.12	15	5.22	16	5.15	14	5.31
충청북도	10	5.15	8	5.29	15	5.17	16	5.25

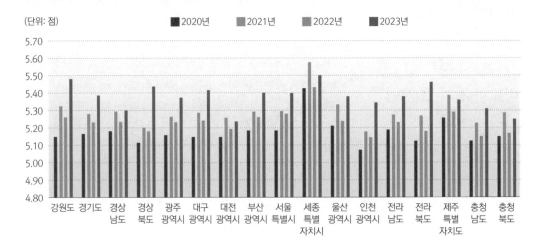

(단위: 점)   ■ 2020년   ■ 2021년   ■ 2022년   ■ 2023년

같은 수도권임에도 불구하고 서울특별시와 경기도, 인천광역시의
행복 점수 순위는 다소 차이가 존재한다. 서울의 안녕지수는 지난 4
년 동안 높게는 상위 3위(2022년도), 낮게는 7위(2023년도)를 차지하
는 등 나쁘지 않은 점수를 보였으며 변동폭도 그리 크지 않았다.

경기도의 경우 지난 4년 동안 높게는 8위(2020년도, 2023년도), 낮게
는 10위(2021년도, 2022년도)를 차지하여 서울보다는 낮지만 중하위
권에 머무르고 있으며 변동폭이 그리 크지 않았다.

반면 인천광역시는 2020년도부터 2022년도까지 전체 지역 중 가
장 행복 점수가 낮은 지역이었으며, 2023년에 4계단 올라가 13위
를 달성했으나 여전히 수도권 중 가장 행복도가 낮은 것으로 나타
났다.

세종시는 2019년부터 2023년까지 5년 동안
가장 행복한 지역 1위 자리를 지키고 있다.
삶의 만족도, 삶의 의미, 긍정적인 정서 모두
전반적으로 가장 높게 나타나는 지역이다.

02

일상 회복이 우리에게 안겨준 것들

빅데이터로 찾아낸 코로나 전후 행복의 궤적

Korea Happiness Report

엔데믹 선언과 함께 3년 4개월 만에 일상 회복이 시작됐다. 마스크 착용 의무가 해제되고 코로나 확진자의 격리 의무가 권고 사항으로 완화됐다. 기업에서는 그동안 제한됐던 회의, 출장, 회식이 다시 늘어났다. 대학가에서는 대면 수업이 확대되고, 대학 축제와 MT 등 학내 행사가 증가하면서 일상으로의 복귀가 빠르게 이루어지고 있다.

포스트 코로나 시대, 일상이 회복된 만큼 사람들의 행복도 회복됐을까? 코로나를 지나오는 동안 행복이 어떻게 변했는지 분석하기 위해서는 다각도로 살펴볼 필요가 있다.

포스트 코로나 시대, 일상이 회복된 만큼 사람들의 행복도 회복됐을까?

일상 회복에
접어들면서 행복도
코로나 이전
수준으로 복귀했을까,
아니면 새로운
일상에서 더
높은 수준의 행복을
누리고 있을까?

1. 포스트 코로나 시대의 일상 행복

일상에서의 행복 변화를 정확하게 파악하기 위해서는 코로나 기간 뿐만 아니라 코로나 이전의 행복과도 비교해야 한다. 2023년에 일상 회복이 시작된 이후 행복 수준의 변화를 살펴보려면 코로나 기간과의 비교가 필요하다. 또한 코로나 이전 시기와의 비교는 포스트 코로나 시기의 행복이 이전 수준으로 회복됐는지에 대한 답을 제공할 수 있다.

2. 포스트 코로나 시대 행복한 사람들은 누구였을까?

행복 천재들은 큰 변화 없이 꾸준히 높은 행복을 유지하고 있었을까? 성별, 연령, 지역과 계층에 따라 행복 변화가 다르게 나타났을까? 외향적인 사람들은 코로나 시기를 거치면서 어떤 행복의 변화를 경험했을까? 개인 특성에 따른 행복 변화를 살펴보는 것은 코로나가 행복에 미친 영향을 이해하는 데 도움이 될 것이다.

3. 코로나가 우리에게 남긴 마음의 지형

코로나 이후 행복과 밀접하게 관련돼 있는 심리적 특성인 자존감, 감사, 물질주의, 그리고 개인주의와 집단주의는 어떻게 변했을까? 코로나 이전, 팬데믹, 그리고 엔데믹 기간을 거치는 동안의 심리적 변화를 세밀하게 분석해보면, 코로나가 사람들의 심리적 상태에 어떠한 영향을 미쳤는지 가늠할 수 있다.

세 가지 주제에 대한 답을 찾는 과정을 통해 포스트 코로나 시대의 행복을 이해해보고자 한다. 일상 회복에 접어들면서 행복도 코로나 이전 수준으로 복귀했을까, 아니면 이전과 다른 새로운 일상에서 더 높은 수준의 행복을 누리고 있을까?

Happiness in 2023

1
포스트 코로나 시대의 일상 행복

2020년 1월 국내에서 첫 코로나 확진자가 발생하고 2023년 5월 엔데믹을 선언하기까지 일상의 많은 부분이 변화를 겪어왔다. 코로나 시기를 '코로나 이전 기간', '코로나 기간', '코로나 이후 기간'으로 분류하여 삶의 의미와 즐거움의 관계, 스트레스와 지루함의 관계, 주중과 주말 긍정정서 변화 등에 대해 살펴보았다.

2020년 1월 20일, 국내에서 첫 코로나 확진자가 발생한 이후 일상의 많은 부분이 변했다. 코로나 바이러스의 확산 속도가 빨라질수록 감염에 대한 두려움과 공포가 우리 사회 전반에 퍼져나갔다. 총 7차례 대유행을 경험하면서 마스크 착용, 손 씻기, 식사 시 개인 그릇 사용 등 개인위생 습관이 일상이 됐고, 건강 관리의 중요성이 더욱 강조됐다. 코로나의 장기화는 사람들의 생활 방식에 큰 변화를 초래했다. 대인 간 접촉의 제한으로 온라인 학습과 재택근무가 증가했고, 집에서 보내는 시간도 크게 늘었다. 주변 사람들과 관계를 맺는 방식과 깊이도 변했다.

언택트 시대를 맞이하면서 온라인에서 비대면 만남은 증가한 반면, 오프라인의 대면 만남은 감소했다. 낙심하거나 우울해서 이야기 상대가 필요할 때 도움을 받을 사람이 있다고 응답한 사람의 비율은 2019년 83.3%에서 2021년 79.6%, 2023년 79.8%로 나타나 코로나 이전에 비해 감소했다(통계청, 2022, 2023). 반면 마음 터놓을 사람

대인 간 접촉의 제한으로 온라인 학습과 재택근무가 증가했고, 집에서 보내는 시간도 크게 늘었다.

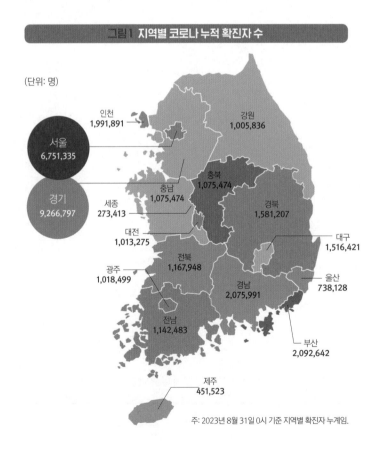

그림1 지역별 코로나 누적 확진자 수

(단위: 명)

인천
1,991,891

강원
1,005,836

서울
6,751,335

경기
9,266,797

충북
1,075,474

충남
1,075,474

세종
273,413

경북
1,581,207

대전
1,013,275

대구
1,516,421

전북
1,167,948

광주
1,018,499

경남
2,075,991

울산
738,128

전남
1,142,483

부산
2,092,642

제주
451,523

주: 2023년 8월 31일 0시 기준 지역별 확진자 누계임.

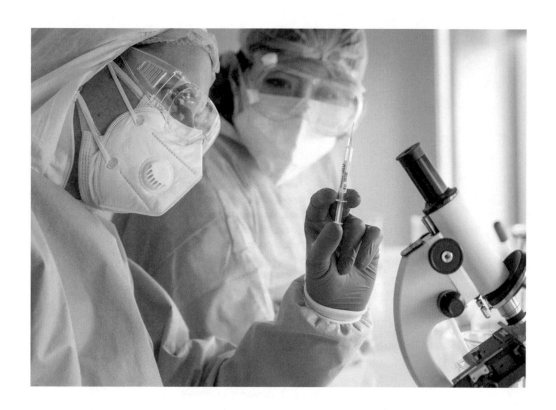

2023년은 우리가
코로나와 함께
살아가며 일상으로
복귀하기 시작한
첫해로 볼 수 있다.

이 없고, 세상에 혼자 있는 것 같다는 응답은 2021년부터 2023년 까지 매해 증가하고 있다(김민지, 2023, 7, 17). 오프라인에서 늘어가는 고립과 외로움은 코로나로 인해 사회적 연결의 중심이 오프라인에서 온라인으로 전환됐음을 보여준다.

2022년 4월 18일, 약 2년 1개월 동안 지속된 사회적 거리두기 조치가 757일 만에 전면 해제됐다. 이후 2023년 5월 11일에 한국은 엔데믹(endemic, 일상적 유행)을 선언했다. 그러나 엔데믹이 코로나가 완전히 종식됐다는 것을 의미하지는 않는다. 엔데믹 선언 후에도 코로나 확진자는 계속해서 발생했으며, 2023년 8월 기준 서울의 누적 확진자 수는 약 675만 명, 경기도는 927만 명에 달하는 것으로 확인됐다(그림1). 코로나 확진자와 사망자가 여전히 발생하고 있는 가운데 2023년은 우리가 코로나와 함께 살아가며 일상으로 복귀하기 시작한 첫해로 볼 수 있을 것이다.

코로나 발생 이전, 팬데믹이 일상의 여러 영역에 변화를 가져온 시기, 그리고 코로나와 함께 살기 시작한 엔데믹 시대를 맞이하면서

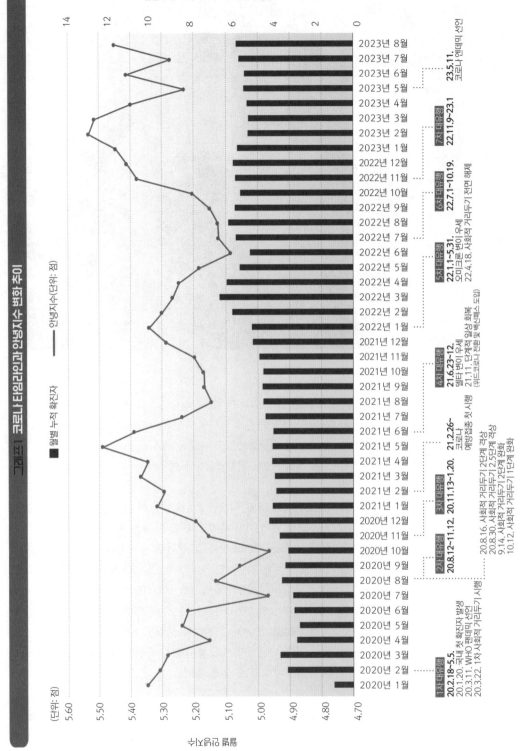

그래프1 코로나 타임라인과 안녕지수 변화 추이

월별 누진 확진자 수(로그 변환된 값임)

(단위: 점) ■ 월별별 누적 확진자 ─── 안녕지수(단위: 점)

1차 대유행
20.2.18~5.5.
20.1.20. 국내 첫 확진자 발생
20.3.11. WHO 팬데믹 선언
20.3.22. 1차 사회적 거리두기 시행

2차 대유행
20.8.12~11.12.
20.8.16. 사회적 거리두기 2단계 격상
20.8.30. 사회적 거리두기 2.5단계 격상
9.14. 사회적 거리두기 2단계 완화
10.12. 사회적 거리두기 1단계 완화

3차 대유행 20.11.13~1.20.

4차 대유행
21.6.23~12.
델타 변이 우세
21.11. 단계적 일상 회복
(위드코로나 전환 및 백신패스 도입)

5차 대유행
22.1.1~5.31.
오미크론 변이 우세
22.4.18. 사회적 거리두기 전면 해제

6차 대유행
22.7.1~10.19.

7차 대유행
22.11.9~23.1

23.5.11.
코로나 엔데믹 선언

21.2.26~
코로나
예방접종 첫 시행

월별 안녕지수

086

2020년 하반기에
사회적 거리두기
조치가 완화되고,
2021년 2월 백신이
도입되면서 사람들의
행복 수준이 점차
높아지기 시작했다.

사람들의 행복은 어떤 변화를 겪었을까? 2020년 1월의 안녕지수 평균은 5.34점으로 2019년 1월 평균(5.24점)과 비교했을 때 행복 수준이 더 높은 것으로 관찰됐다. 그러나 국내에서 코로나 첫 확진자가 발생한 1월 말 이후 팬데믹이 선언되고 사회적 거리두기가 시행되는 등 일상에 여러 제한이 생기면서 사람들의 행복도 점차 감소하는 양상을 보였다(그래프1).

2020년 하반기에 사회적 거리두기 조치가 완화되고, 2021년 2월 백신이 도입되면서 사람들의 행복이 점차 높아지기 시작했다. 그러나 이후 델타 변이와 오미크론 변이 등 코로나 변이 바이러스가 확산되면서 2022년 3월 코로나 확진자 수는 정점에 이르렀다. 이 시기에 세계적인 경제 위기도 겹쳐 사람들의 행복이 조금씩 감소하는 추세를 보이는 것으로 나타났다.

2022년 4월에 사회적 거리두기 조치가 전면 해제됐고, 6월부터는 마스크 착용 및 확진자의 격리 의무가 권고 사항으로 변경되면서 점진적인 일상 회복이 시작됐다. 이 시점부터 사람들의 행복도 서서히 증가하기 시작했으며, 이러한 추세는 2023년까지 이어졌다. 2023년 사람들의 행복은 이전 3년(2020년, 2021년, 2022년)에 비해 더 높은 것으로 관찰됐다.

코로나를 거치면서 사람들의 행복 변화를 정확하게 분석하기 위해서는 무엇보다 양질의 데이터가 필요하다. 2018년 1월부터 2023년 12월까지 축적된 대한민국 사람들의 행복 데이터는 약 1,123만 건에 달하며, 참여한 사람의 수도 약 624만 명에 이르는 대규모 데이터이다.

그러나 연도별로 수집된 데이터를 살펴보면 2018년부터 2022년까지 5년 동안은 평균적으로 약 122만 명의 응답자가 참여했던 것에 비해 2023년에는 참여자 수가 약 11만 명으로 줄어들어, 약 91% 감소된 것을 확인할 수 있다. 2023년의 참여자들을 분석한 결과, 비록 전체 데이터 규모는 줄어들었지만 성별·연령별로 충분한 표본이 수집됐기 때문에 표본 대표성은 큰 문제가 되지 않는다.[*]

행복 변화를 분석하기 위한 방법

표1 성향점수매칭을 적용한 연도별 안녕지수 응답자 수 및 응답 건수

연도	데이터 매칭 전	
	응답자 수 (단위: 명)	응답 건수 (단위: 건)
2018년	997,960	2,125,508
2019년	1,424,169	2,873,761
2020년	1,380,411	2,554,301
2021년	1,427,655	2,355,332
2022년	894,754	1,183,186
2023년	112,672	136,475
계	6,237,621	11,228,563

> 2023년의 참여자들을 분석한 결과, 비록 전체 데이터 규모는 줄어들었지만 성별·연령별로 충분한 표본이 수집됐기 때문에 표본 대표성은 큰 문제가 되지 않는다.

---

[*] 2023년 한 해 동안 안녕지수에 응답한 사람들의 특성이 이전에 참여한 사람들과 체계적으로 다를 가능성, 즉 선택 편향(selection bias)이 발생했을 가능성을 확인하기 위해 추가적으로 성향점수매칭(propensity score matching, PSM) 방법을 적용하여 데이터를 분석했다(Lee et al., 2023; Rosenbaum & Rubin, 1983). 성향점수매칭 방법을 통해 표본 동질성을 확보한 후 데이터를 분석한 결과, 전체 데이터의 분석 결과와 크게 다르지 않음을 확인할 수 있었다. 따라서 본 원고는 전체 데이터를 토대로 분석한 결과를 중심으로 기술했다.

이전보다 더 커진 포스트 코로나의 행복

2018년부터 2023년을 세 시기로 나누어 분석했다. 코로나 발생 전인 2018년과 2019년을 '코로나 이전 기간'으로, 팬데믹이 진행된 2020년부터 2022년까지를 '코로나 기간'으로 구분했다. 그리고 엔데믹이 선언된 2023년을 '코로나 이후 기간'으로 분류하여 시기별로 행복이 어떻게 변했는지 살펴보았다(그래프 2).

코로나 이전 기간의 평균 안녕지수는 5.20점이었고, 코로나 기간은 5.22점, 그리고 코로나 이후 기간에는 5.38점으로 지속적으로 증가하는 양상을 관찰할 수 있었다. 코로나 기간은 코로나 이전 기간과 큰 차이가 없는 것으로 나타났다. 그러나 코로나 이후 기간의 안녕지수는 코로나 기간에 비해 약 3.04% 증가했으며, 코로나 발생 전 기간과 비교했을 때 약 3.40% 증가했다.

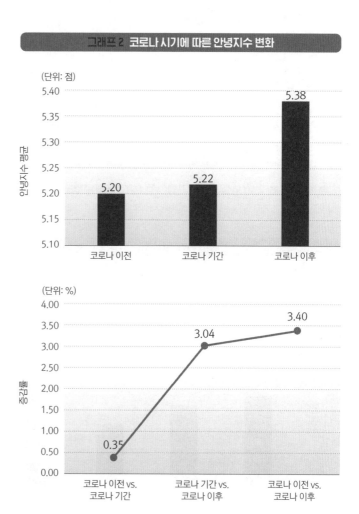

그래프 2 코로나 시기에 따른 안녕지수 변화

코로나 시기별 행복 변화를 세밀하게 분석하기 위해 연도별 안녕지수 변화 추이를 분석했다(그래프 3). 먼저 2018년부터 2020년까지 감소한 후 지속적으로 감소하는 양상을 확인할 수 있었다. 2018년과 2019년의 경우 큰 차이가 없는 것에 비해, 코로나 첫해인 2020년은 이전 해보다 사람들의 행복이 약 76.9% 감소한 것이 관찰됐다.

코로나 발생 후 3년 동안 사람들의 행복 추이를 살펴보면, 2020년 평균 안녕지수는 5.16점이었고, 2021년은 5.28점, 그리고 2022년은 5.24점으로 나타나 코로나 2년 차에 상승 후 다소 감소하는 추세를 보였다. 팬데믹이 장기화되고 확진자 수도 급증했음에도 불구하고 코로나 첫해와 비교했을 때 사람들의 행복이 증가한 것은 사람들이 어려운 상황에서도 놀라운 적응력을 보였음을 나타낸다. 엔데믹이 선언된 2023년에는 안녕지수가 5.38점으로 상승함으로써 팬데믹 기간에 비해 사람들의 행복 수준이 더 높아진 것을 확인할 수 있었다.

코로나 첫해와
비교했을 때 사람들이
행복감을 더 느낀 것은
어려운 상황에서도
놀라운 적응력을
보였음을 나타낸다.

안녕지수의 하위 지표들을 살펴보면, 긍정적인 지표들에 비해 부정적인 지표의 변화가 두드러지는 것으로 나타났다(그래프 4). 코로나 발생 이전부터 팬데믹 기간, 그리고 코로나 이후를 거치면서 부정정서와 스트레스는 지속적으로 감소하는 추세를 보이는 것으로 나타났다. 코로나 이후 기간 동안 부정정서는 코로나 기간 대비 5.97% 감소했으며, 코로나 발생 이전에 비해서는 6.60% 감소한 것을 확인

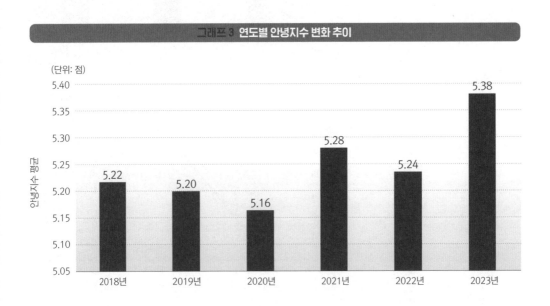

그래프 3 연도별 안녕지수 변화 추이

(단위: 점)

안녕지수 평균

연도	안녕지수
2018년	5.22
2019년	5.20
2020년	5.16
2021년	5.28
2022년	5.24
2023년	5.38

할 수 있었다(그래프5). 스트레스 역시 지속적으로 감소하는 추세를 보였는데(그래프4), 코로나 이후에는 코로나 이전 대비 약 4.93% 감소한 것을 관찰할 수 있었다.

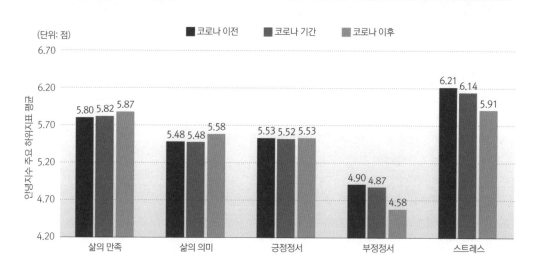

그래프 4 코로나 시기에 따른 안녕지수 주요 하위 지표 평균

(단위: 점)
■ 코로나 이전 ■ 코로나 기간 ■ 코로나 이후

안녕지수 주요 하위지표 평균

	코로나 이전	코로나 기간	코로나 이후
삶의 만족	5.80	5.82	5.87
삶의 의미	5.48	5.48	5.58
긍정정서	5.53	5.52	5.53
부정정서	4.90	4.87	4.58
스트레스	6.21	6.14	5.91

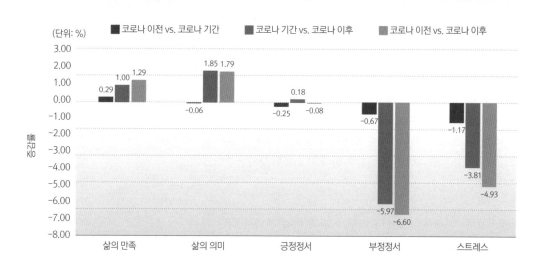

그래프 5 코로나 시기에 따른 안녕지수 주요 하위 지표 증감률

(단위: %)
■ 코로나 이전 vs. 코로나 기간 ■ 코로나 기간 vs. 코로나 이후 ■ 코로나 이전 vs. 코로나 이후

증감률

	코로나 이전 vs. 코로나 기간	코로나 기간 vs. 코로나 이후	코로나 이전 vs. 코로나 이후
삶의 만족	0.29	1.00	1.29
삶의 의미	-0.06	1.85	1.79
긍정정서	-0.25	0.18	-0.08
부정정서	-0.67	-5.97	-6.60
스트레스	-1.17	-3.81	-4.93

이는 통계청의 사회조사 결과와도 일치한다. 지난 2주간 일상에서 느낀 스트레스에 대해 '스트레스를 느꼈다' 또는 '매우 많이 느꼈다' 고 응답한 사람들의 비율이 2018년 54.4%에서 2020년 50.5%로, 그리고 2022년 44.9%로 지속적으로 줄어드는 추세를 보였다(통계 청, 2023).

삶의 의미는 긍정 지표 가운데 코로나 이후에 상승 폭이 가장 큰 지 표이다(그래프 4). 삶의 의미와 함께 가족과 친구를 포함한 인간관계에 대한 관심 역시 증가하는 것을 보여주는 흥미로운 조사 결과가 보 고됐다. 코로나로 인해 집콕 생활이 이어지면서 도서 판매량이 증 가했는데, 특히 인간관계에 관한 도서 판매가 눈에 띄게 증가했다. 2019년에 전년 대비 29.5% 감소한 것과 대조적으로, 2020년에는 전년 대비 37.9%로 증가했다. 이후 2021년에는 1.5%, 2022년에는 9.2%로 지속적으로 증가했다(예스24, 2023).

코로나 이후 관계에 대한 관심이 커지는 것과 함께 사적 대면 모임 도 점차 늘어갔다. 최근 일주일 동안 사적 대면 모임을 가진 적이 있 다는 응답은 매년 증가했으며(2021년 46%, 2022년 63%, 2023년 69%), 모임에서 만난 사람의 수도 2021년 평균 4.9명에서 2022년에는 10.2명, 2023년에는 11.9명으로 증가하며 사적 모임의 규모 또한 커지고 있는 것으로 나타났다(이소연, 2023).

전 세계 17개국을 대상으로 의미 있는 삶을 만드는 것이 무엇인지 조사한 결과, 가족이 38%로 1위를 차지했고, 친구가 18%로 4위를 차지했다(Silver et al., 2021). 이러한 현상을 통해 한 가지 추론할 수 있는 사실은 관계 속에서 삶의 의미를 발견하기 위한 사람들의 관 심과 노력이 점차 증가하고 있다는 것이다.

긍정정서와 부정정서의 개별 하위 지표가 코로나 시기에 따라 어떻 게 변했는지 살펴본 결과(그래프 6), 전반적으로 부정정서의 변화폭이 긍정정서보다 더 크다는 것을 확인할 수 있다. 긍정정서 중 평안함 은 지속적으로 증가하는 추세를 보였다. 코로나 이후 사람들이 경 험하는 평안함은 코로나 발생 이전에 비해 약 1.46% 증가한 것으로 나타났다.

부정정서 중 지루함은 코로나 발생 이전에 비해 팬데믹 기간 동 안 약 1.50% 증가했으나, 팬데믹 이후 감소하여 코로나 이전 대비

조사 결과, 흥미롭게도 삶의 의미와 함께 가족과 친구 등 인간관계에 대한 관심 역시 증가했다.

긍정정서

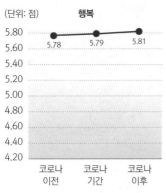

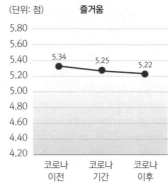

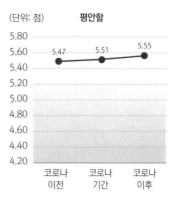

부정정서

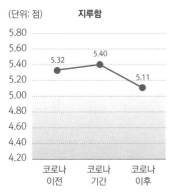

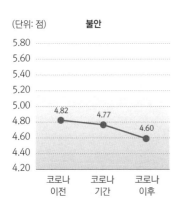

3.95% 감소했음을 확인할 수 있다. 짜증과 우울도 코로나 발생 이후 지속적으로 감소했는데, 코로나 발생 이전에 비해 코로나 이후 짜증은 10.19%, 우울은 7.92% 각각 줄어들었다.

이는 통계청(2023)의 조사 결과와 일치한다. '코로나로 인해 슬픔을 얼마나 느꼈습니까?'라는 질문에 '자주 느꼈다'와 '항상 느꼈다'라고 응답한 비율이 2020년 7.4%에서 2021년 5.8%, 그리고 2022년 3.6%로 점차 줄어드는 추세를 보였다. 일상이 점차 회복되면서 부정정서가 긍정정서에 비해 더 빠르게 개선되고 있음을 짐작할 수 있다.

일상이 점차 회복되면서 부정정서가
긍정정서에 비해 더 빠르게 개선되고 있다.

삶의 의미는 즐거움의 회복에서 발견할 수 있다

삶의 의미는 어디에서 찾을 수 있을까? 긍정정서의 하위 지표인 행복, 즐거움, 평안함 가운데 삶의 의미와 가장 밀접한 관련이 있는 감정을 분석한 결과, 즐거움과의 관련성이 높은 것을 확인할 수 있었다. 코로나 발생 이전, 삶의 의미와 즐거움의 상관계수[*]는 0.64였으며, 코로나 기간 동안에는 0.65로 소폭 증가했고, 코로나 이후에는 0.64으로 나타났다(그래프 7).

즐거움 자체는 코로나 이후에 소폭 감소했지만, 즐거움의 중요성은 팬데믹 기간에 점차 커지는 것을 확인할 수 있었다. 한 조사에 따르면, 10명 중 3명이 코로나 기간 동안 새롭게 발견한 즐거움으로 동네 산책을 꼽았다(김지헌, 2021). 코로나 기간 동안 집에 머무는 시간이 길어지면서 집에서 즐거움을 찾는 '홈루덴스족(home ludens族)'이 늘어나기도 했다. 코로나 이후에도 일상 속에서 즐거움을 찾고 경험하는 것은 여전히 중요해 보인다.

그래프 7 코로나 시기에 따른 삶의 의미와 즐거움의 관계

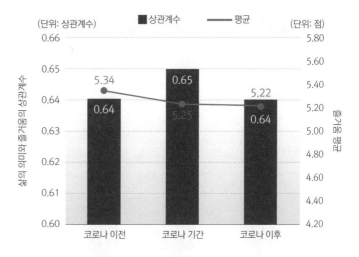

* 상관계수: 두 변수 간의 연관성을 보여주는 지표로, 값이 1 혹은 −1에 가까워질수록 연관성이 높다고 할 수 있다.

코로나 발생 이후 혼자 있는 시간은 늘어났지만, 사회적 거리두기 조치와 외출 제한 등으로 인해 사람들이 느끼는 권태감과 지루함은 커져갔다. 일상 속 지루함이 커질수록 사람들이 느끼는 스트레스 또한 증가하는 것을 확인할 수 있다(그래프 8). 지루함과 스트레스의 이러한 관계는 코로나 이전에 비해 코로나 기간에 더 강해진 것으로 나타났다. 코로나 이전에는 지루함과 스트레스의 상관이 0.51이었지만, 코로나 기간에는 0.49로 소폭 감소했다.

그러나 일상이 점차 회복되기 시작하면서 이러한 관계에 변화가 생긴 것으로 보인다. 2023년 일상 회복이 시작된 이후 해외여행은 2022년 동기 대비 6.5배 증가했고(고한솔, 2023), 회식, 사적 모임, 공연 관람과 같은 대면 활동이 급증했다. 코로나 이후 지루함과 스트레스의 상관은 0.46으로, 코로나 이전 대비 약 9.80% 감소했다. 이러한 변화는 지루함이 스트레스를 유발하는 시기를 점차 벗어나고 있다는 것을 보여준다.

지루함이 스트레스가 되는 시기를 지나오다

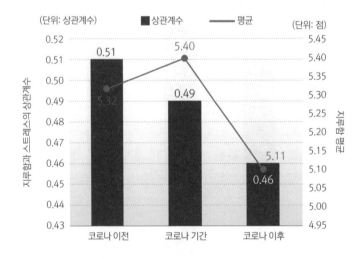

그래프 8 **코로나 시기에 따른 스트레스와 지루함의 관계**

(단위: 상관계수)　■ 상관계수　── 평균　(단위: 점)

지루함과 스트레스의 상관계수 / 지루함 평균

	코로나 이전	코로나 기간	코로나 이후
상관계수	0.51	0.49	0.46
평균	5.32	5.40	5.11

주말 효과는 코로나의 영향을 받지 않는다

주중과 주말의 행복을 비교할 때, 학교에 가거나 회사에 출근해야 하는 주중보다 주말이 더 행복할 것이라고 예상할 수 있다. 실제로 주중(월-금)과 주말(토-일)의 안녕지수를 비교하면 주중의 평균 안녕 지수는 5.20점이었고, 주말은 5.27점으로 주말이 근소하게 더 행복한 것으로 나타났다.

그렇다면 주말에 더 큰 행복을 경험하는 주말 효과는 코로나 시기에 따라 차이가 있을까? 시기별 주말 효과를 살펴본 결과, 코로나 이전에는 주말의 행복(평균 5.24점)은 주중(평균 5.19점)보다 약 0.96% 더 높은 것으로 나타났다. 코로나 기간 동안에는 주말의 행복(5.28점)이 주중(평균 5.20점)에 비해 약 1.54% 더 높았으며, 코로나 이후에는 주말(5.381점)과 주중(5.380점)의 행복 차이가 줄어들어 주말이 주중보다 약 0.02% 더 높은 것에 그쳤다.

코로나 1년 차부터 3년 차까지 주말 효과를 조금 더 자세히 살펴보면, 팬데믹이 진행되면서 주말 효과가 달라지는 것을 확인할 수 있다. 코로나 1년 차인 2020년의 경우, 주말의 행복(평균 5.21점)이 주중(평균 5.14점)보다 1.33% 더 높은 것으로 나타났다. 그러나 확진자 수가 급증한 코로나 2년 차에는 주말(평균 5.34점)이 주중(평균 5.25점)보다 약 1.63% 더 높게 나타나 코로나 1년 차에 비해 주말 효과가 근소하지만 더 커진 것을 확인할 수 있다. 사회적 거리두기 조치

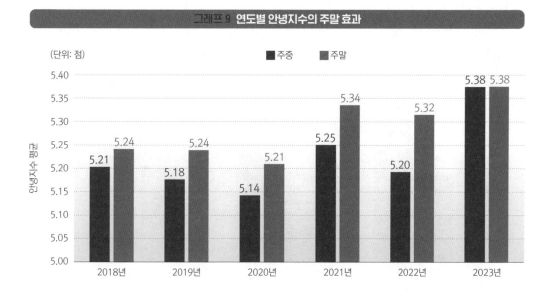

그래프 9 **연도별 안녕지수의 주말 효과**

가 전면 해제되고 단계적 일상 회복이 시작된 2022년에는 주말 효과가 더욱 커진 것을 관찰할 수 있다. 2022년에는 주말의 행복(평균 5.32점)이 주중(5.20점)보다 약 2.41% 더 높은 것으로 확인됐다.

안녕지수 하위 지표 중 긍정정서에서 주말 효과가 두드러지게 나타났다. 코로나 이전에는 주말과 주중의 긍정정서 차이가 겨우 0.08점에 불과했지만, 코로나 기간에 이 차이가 더욱 커진 것을 확인할 수 있었다. 코로나 기간 동안 주말의 긍정정서 평균은 5.60점으로, 주중의 평균 5.49점에 비해 약 2.02% 더 높은 것으로 나타났다. 코로나 이후 주말의 긍정정서 평균은 주중보다 약 0.43% 더 높게 나타나 코로나 이후에도 긍정정서의 주말 효과가 근소하지만 여전히 지속되고 있음을 확인할 수 있었다.

긍정정서의 주말 효과를 조금 더 자세히 살펴보면, 코로나 시기별로 긍정정서를 가장 많이 경험한 요일에 차이가 있다는 것을 확인할 수 있다. 코로나 이전에는 주말인 토요일과 일요일보다는 금요일에 긍정정서 평균이 더 높은 것으로 나타났다. 이는 주말을 앞두고 '불금'에 즐거움이나 평안함과 같은 긍정정서를 더 많이 경험했음을 나타낸다.

주말보다 금요일에 긍정정서가 더 높았던 코로나 이전과 달리, 코로나 기간에는 긍정정서의 주말 효과가 뚜렷하게 나타났다. 요일에 따

> 주말보다 금요일에 긍정정서가 더 높았던 코로나 이전과 달리, 코로나 기간에는 긍정정서의 주말 효과가 뚜렷하게 나타났다.

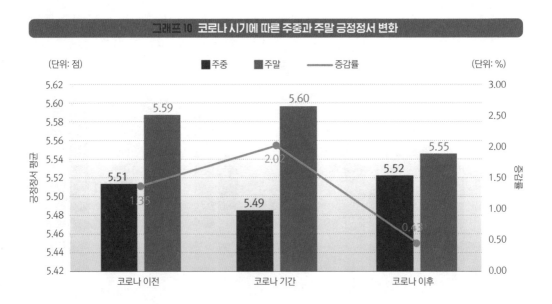

그래프 10 **코로나 시기에 따른 주중과 주말 긍정정서 변화**

(단위: 점)　■주중　■주말　──증감률　(단위: %)

	코로나 이전	코로나 기간	코로나 이후
주중	5.51	5.49	5.52
주말	5.59	5.60	5.55
증감률	1.35	2.02	0.43

른 긍정정서의 변화를 살펴보면, 월요일 이후 긍정정서가 꾸준히 상
승해서 일요일에 정점에 이르렀음을 확인할 수 있다. 흥미로운 점
은 일요일에 긍정정서가 최고점을 기록했다는 것이다. 이는 일반적
으로 출근이나 등교를 앞둔 일요일에 행복이 감소하는 기존 추세와
확연히 다른 현상이다. 코로나 이전(토요일 5.62점, 일요일 5.55점)과 코
로나 이후(토요일 5.61점, 일요일 5.49점) 모두에서 일요일의 긍정정서
가 토요일 대비 감소했으나 팬데믹 기간 동안에는 이와 다른 양상
이 관찰된 것이다.

보다 자세히 살펴본 결과 이러한 현상은 코로나 첫해인 2020년에
두드러지는 것으로 나타났다. 2020년의 일요일 평균 긍정정서는
5.58점으로 토요일 평균 5.55점 대비 0.03점 높은 것으로 관찰됐
다. 이후 코로나 2년 차와 3년 차에서는 일요일과 토요일 간 긍정정
서 차이가 각각 -0.014점과 0.001점으로 나타나 일요일에 더 높은
긍정정서를 경험하는 정도가 코로나 첫해 대비 줄어들었다.

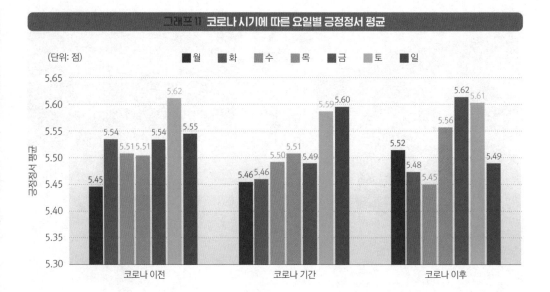

(단위: 점) ■월 ■화 ■수 ■목 ■금 ■토 ■일

긍정정서 평균

코로나 이전
5.45, 5.54, 5.51, 5.51, 5.54, 5.62, 5.55

코로나 기간
5.46, 5.46, 5.50, 5.51, 5.49, 5.59, 5.60

코로나 이후
5.52, 5.48, 5.45, 5.56, 5.62, 5.61, 5.49

그러나 코로나 이후에는 코로나 이전과 마찬가지로, 주말 중 일요일에 경험하는 긍정정서(평균 5.49점)가 토요일(평균 5.61점)보다 감소한 것으로 나타났다. 목요일을 시작으로 토요일까지 긍정정서가 지속적으로 증가하다가 토요일에 정점에 이르고 이후 감소하는 양상이 관찰됐다. 이는 코로나 이전의 양상과 유사하다. 주말을 앞두고 긍정정서가 증가하다가 주말을 지나고 다시 일상의 시작을 준비하는 일요일에 긍정정서가 감소하는 이러한 현상을 통해 코로나 이전으로 돌아가고 있음을 짐작할 수 있다.

주말을 앞두고 긍정정서가 증가하다가
다시 일상의 시작을 준비하는 일요일에
긍정정서가 감소하는 현상을 통해 일상이
코로나 이전으로 돌아가고 있음을
짐작할 수 있다.

즐거움 자체는 코로나 이후에 소폭 감소했지만,
즐거움의 중요성은 팬데믹 기간에 점차 커지는 것을 확인할 수 있었다.
코로나 기간 동안 집에서 즐거움을 찾는 '홈루덴스족'이 늘어나기도 했다.
코로나 이후에도 일상 속에서 즐거움을 찾는 것은 여전히 중요해 보인다.

Happiness in 2023

2
포스트 코로나 시대
행복한 사람들은 누구였을까?

팬데믹 이후 일상이 회복되면서 대다수 사람의 행복이 증가한 가운데 여전히 행복을 되찾지 못한 사람들은 누구일까? 이에 반해 다른 사람들보다 더 큰 행복을 경험하는 이들은 어떤 특성을 가지고 있을까? 연령대와 성별, 지역, 사회적 계층, 성격 특성 등 다섯 가지 키워드를 중심으로 행복의 변화에 어떤 차이가 있는지 확인해보았다.

팬데믹 이후 일상이 회복되면서 사람들의 행복이 증가했음을 1장을 통해 확인할 수 있었다. 특히 주목할 점은 코로나 발생 이전과 비교해도 코로나 이후의 행복이 더 높아졌다는 점이다. 그런데 여기서 질문을 던질 수 있다. 과연 포스트 코로나 시대에 경험하는 행복의 정도는 모든 사람에게 동일할까? 팬데믹 이후 대다수 사람의 행복이 회복됐다 하더라도, 여전히 행복을 되찾지 못한 사람들은 과연 누구일까? 그리고 이와 반대로 다른 사람들보다 더 큰 행복을 경험하는 이들은 어떤 특성을 가지고 있을까? 이 질문에 대한 답을 찾기 위해 다섯 가지 키워드를 중심으로 행복 변화의 차이를 확인해보고자 한다.

- 코로나 팬데믹을 거치면서 행복 풍요층과 행복 취약층의 행복은 각각 어떻게 변했을까? 평균적으로 행복이 높은 사람과 낮은 사람으로 나누고, 코로나 시기를 거치면서 이들의 행복이 어떻게 변했는지 살펴보고자 한다.

- 2018년부터 지속적으로 관찰된 현상 중 하나는 행복에 성차와 연령차가 존재한다는 것이다. 남성과 여성의 행복 차이는 코로나 시기에 따라 어떻게 변했는지, 그리고 10대부터 60대 이상에 이르는 연령대 중 행복의 변화를 가장 크게 경험한 사람들은 누구일지 살펴보고자 한다.

- 코로나 발생 이후 지역별 행복은 어떻게 변했는지 살펴볼 것이다. 특별시 및 광역시에 거주하는 사람들과 7개 도에 거주하는 사람들의 행복 변화에 차이가 있을까? 만약 차이가 있다면, 이러한 차이를 만든 지역의 특성이 무엇인지 탐색해보고자 한다.

- 사람들이 주관적으로 지각한 사회적 계층이 행복의 변화에 미친 영향을 확인하고자 한다. 사회적 계층을 높게 지각한 사람들과 낮게 지각한 사람들 가운데 행복의 변화를 크게 경험한 사람들은 누구인지, 그리고 이들이 어떤 변화를 경험했는지 확인하고자 한다.

- 성격 특성 중 외향성과 내향성에 따라 어떠한 행복 변화를 경험했는지 살펴보고자 한다. 코로나가 발생한 후 일상생활에 대한 제한이 누구의 행복에 더 큰 영향을 미쳤을까? 또 일상 회복 이후 이들의 행복은 어떻게 달라졌을까?

포스트 코로나 시대에 경험하는 행복의 정도는 모든 사람에게 동일할까?

01 행복 천재의 행복은 계속 성장한다

개인의 행복 수준에 따라 행복 변화가 다르게 나타날까? 이 질문에 대한 답을 확인하기 위해 개인의 안녕지수 평균값을 기준으로 세 개의 집단으로 분류했다. 안녕지수가 상대적으로 높은 행복 풍요층은 전체 참여자 중 30.6%(124만 7,307명)였고, 이들의 안녕지수 평균은 7.23점(표준편차 1.12점)이었다. 안녕지수가 낮은 행복 취약층은 전체 참여자 가운데 37.6%(153만 3,105명)였으며, 안녕지수 평균은 3.35점(표준편차 1.27점)으로 나타났다. 안녕지수가 높지도 낮지도 않은 보통 수준의 참여자들은 전체 참여자 31.7%(129만 1,825명)를 차지했으며, 안녕지수 평균은 5.30점(표준편차 .81점)이었다.

행복 풍요층의 경우 코로나 이전에는 안녕지수 평균이 7.23점이었고, 이후 코로나 기간에는 7.25점이었으며, 코로나 이후에는 7.36점으로 지속적으로 상승하는 양상이 관찰됐다. 행복 풍요층의 행복은 코로나 기간 동안에도 꾸준히 상승했는데, 코로나 1년 차에는 7.22점, 코로나 2년 차에는 7.27점, 코로나 3년 차에는 7.26점으로 나타났다(그래프12). 이와 반대로 행복 취약층의 행복은 지속적으로 감소했다. 코로나 이전의 안녕지수 평균은 3.43점이었고, 코로나 기간에는 3.41점, 코로나 이후에는 3.38점으로 감소했다.

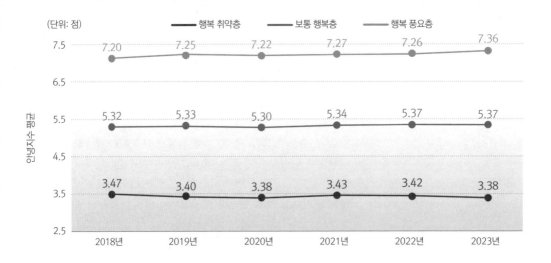

그래프 12 행복 그룹별 안녕지수 변화 추이

(단위: 점)　　●── 행복 취약층　　●── 보통 행복층　　●── 행복 풍요층

	2018년	2019년	2020년	2021년	2022년	2023년
행복 풍요층	7.20	7.25	7.22	7.27	7.26	7.36
보통 행복층	5.32	5.33	5.30	5.34	5.37	5.37
행복 취약층	3.47	3.40	3.38	3.43	3.42	3.38

특히 일상 회복이 시작된 2023년의 안녕지수 평균은 3.38점으로 세 집단 가운데 유일하게 전년 대비 감소했다. 행복 수준이 보통인 사람들의 경우 행복 변화의 폭이 가장 적은 것을 확인할 수 있다. 이는 연도별 안녕지수 표준편차*를 비교함으로써 확인할 수 있다. 2018년부터 2023년까지 6년간 연도별 안녕지수 평균의 표준편차를 산출한 결과, 보통 수준의 행복을 경험하고 있는 사람들의 표준편차는 1.00점으로 행복 풍요층(1.32점)과 행복 취약층(1.42점)에 비해 더 적은 것을 확인할 수 있었다.

코로나 발생 전과 비교했을 때, 행복 취약층의 행복은 코로나 이후에 더욱 현저하게 줄어들었다. 코로나 이후 이들의 안녕지수는 평균적으로 1.46% 감소했다. 이는 코로나 이전 대비 0.80% 감소한 것에 비해 약 1.83배 더 감소했음을 나타낸다. 반면 행복 풍요층의 안녕지수는 지속적으로 증가하는 양상을 보인다.

코로나 발생 전과 비교했을 때, 행복 취약층의 행복은 코로나 이후에 더욱 현저하게 줄어들었다.

---

* 일반적으로 자료를 대표하는 값으로 '평균'을 많이 사용하지만, 평균을 알아도 자료들이 평균으로부터 얼마나 흩어져 있는지에 따라 자료의 특징은 크게 달라진다. 이때 자료가 평균을 중심으로 얼마나 떨어져 있는지를 나타내는 수치를 '표준편차'라고 한다. 표준편차가 0에 가까울수록 자료값들이 평균 근처에 집중돼 있다는 뜻이며, 수치가 클수록 자료값들이 널리 퍼져 있다는 뜻이다.

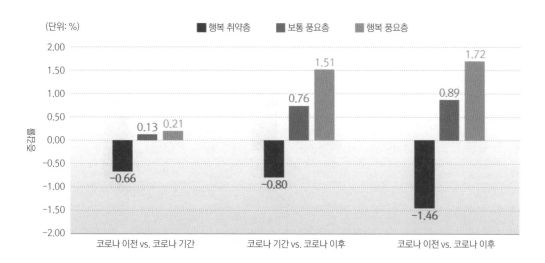

그래프 13 코로나 시기에 따른 행복 그룹별 안녕지수 변화

(단위: %)

■ 행복 취약층 ■ 보통 풍요층 ■ 행복 풍요층

증감률

코로나 이전 vs. 코로나 기간	코로나 기간 vs. 코로나 이후	코로나 이전 vs. 코로나 이후
-0.66, 0.13, 0.21	-0.80, 0.76, 1.51	-1.46, 0.89, 1.72

코로나 팬데믹 기간 동안에도 코로나 이전에 비해 안녕지수 평균이 0.21% 증가했다. 코로나 이후에도 큰 폭은 아니지만 계속해서 행복이 증가하여 코로나 기간 대비 약 1.51% 증가했다. 코로나 이후 행복 풍요층의 안녕지수 평균은 코로나 이전과 비교했을 때 1.72% 증가한 것을 확인할 수 있다(그래프 13).

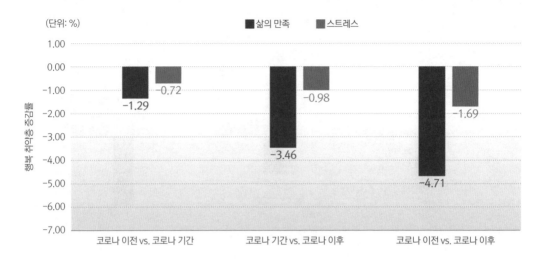

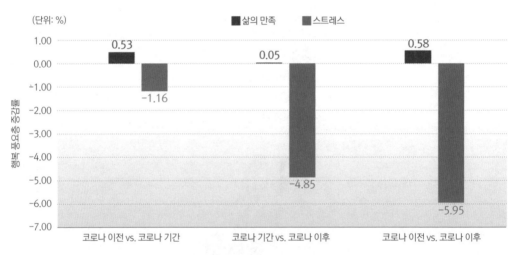

안녕지수의 하위 지표 중 삶의 만족과 스트레스에 있어서 행복 취약층과 풍요층의 변화가 두드러지게 나타났다. 먼저, 삶의 만족에 대한 변화를 살펴보면 행복 취약층은 코로나 이전(3.99점), 코로나 기간(3.94점), 코로나 이후(3.80점)까지 지속적으로 감소했다. 코로나 이후의 삶의 만족은 코로나 이전 대비 약 4.71% 감소했다(그래프14). 반면 행복 풍요층의 삶의 만족은 코로나 이전(7.74점)에 비해 코로나 기간(7.78점)에 상승했으나 코로나 이후(7.78점)까지 지속적으로 증가했다. 코로나 이후 행복 풍요층의 삶의 만족은 코로나 이전에 비해 0.53%, 코로나 기간에 비해 0.05% 상승한 것이 관찰됐다.

삶의 만족, 삶의 의미,
긍정정서가 모두
증가했다.
이는 행복 천재들이
어려운 상황 속에서도
행복을 찾고
경험할 수 있다는
것을 보여준다.

다음으로, 스트레스 변화를 살펴보면 행복 취약층에서 스트레스가 줄어들었다는 점은 희망적이다. 코로나 이전 행복 취약층의 스트레스 평균은 7.78점이었으며, 코로나 기간 동안 7.72점으로 나타나 코로나 이전 대비 소폭 감소한 것을 확인할 수 있었다. 다행스럽게도 코로나 이후 스트레스 평균은 7.64점으로, 코로나 이전에 비해 약 1.69% 감소했다. 행복 풍요층의 스트레스 변화는 취약층에 비해 더욱 극적으로 감소했다. 행복 풍요층의 스트레스는 코로나 이전(4.32점), 코로나 기간(4.27점), 그리고 코로나 이후(4.06점)에 걸쳐 지속적으로 감소했다. 코로나 이후 스트레스는 코로나 이전에 비해 5.95% 감소했으며, 코로나 기간과 비교해서는 4.85% 감소한 것으로 나타났다.

빠르게 일상이 회복되고 있는 것과 달리, 행복 취약층의 회복은 더딘 것처럼 보인다. 코로나 이후 부정정서와 스트레스는 코로나 이전과 코로나 기간에 비해 모두 감소했다. 그러나 삶의 만족, 삶의 의미, 긍정정서 역시 코로나 기간에 비해 더 낮았으며, 코로나 이전과 비교해도 낮은 것으로 확인됐다. 흥미로운 점은 행복 풍요층의 경우 코로나 기간에 삶의 긍정 지표가 모두 상승했다는 것이다. 감염에 대한 공포와 일상생활의 변화를 겪는 과정에서도 삶의 만족, 삶의 의미, 긍정정서가 모두 증가했고, 이는 행복 천재들이 어려운 상황 속에서도 행복을 찾고 경험할 수 있다는 것을 보여준다.

02 더 커진 남녀의 행복 차이, 더 추락한 10대의 행복

대한민국 사람들의 행복을 관찰하고 기록한 이래로 남녀 간의 행복 차이는 계속해서 유지됐다. 2018년부터 2023년까지 남성의 평균 안녕지수는 5.41점으로 나타나 여성의 평균인 5.16점보다 약 0.25점 더 높았다.

그러나 남성이 여성보다 더 행복하다고 섣부르게 결론 내릴 수 없다. 남성과 여성의 행복 차이에 관한 기존 연구들은 일관되지 않은 결과를 보였기 때문이다. 어떤 연구에서는 남성이 더 행복한 것으로, 다른 연구에서는 여성이 더 행복한 것으로 나타났으며, 또 다른 연구에서는 남녀 간 행복 차이가 없다고 보고되기도 했다(Fujita et al., 1991; Meisenberg & Woodley, 2015). 행복의 성차를 밝히기 위해서는 남성과 여성의 행복 차이를 유발하는 다양한 요인, 예컨대 결혼 상태, 자녀 여부, 근로 환경 등을 통제한 후에 남녀 간 행복을 비교하기 위한 추가 연구가 필요하다.

남성과 여성 중 누가 더 행복한지보다는 남녀 간 행복 격차가 증가하고 있다는 사실에 더 주목할 필요가 있다. 코로나 이전, 남성과 여성의 행복 차이는 0.30점으로 관찰됐다(그래프 15). 이후 코로나 기간에는 0.20점으로 소폭 감소했다. 코로나 기간을 나누어 살펴보면 코로나 1년 차에는 남녀 간 차이가 0.27점이었고, 코로나 2년 차에는 0.17점, 코로나 3년 차에는 0.13점으로 행복의 성차가 코로나 기간 동안 줄어드는 추세를 보였다.

그러나 코로나 이후에는 남성과 여성의 행복 차이가 0.35점으로 이전에 비해 더욱 커졌음을 확인할 수 있었다. 직전 해인 2022년에 비하면 남녀 간 행복 차이가 약 2.69배 더 증가한 것이다. 이러한 결과는 통계청의 사회조사 결과와 일치한다(통계청, 2023). 삶에 대한 주관적 만족도에 관한 질문에서 '매우 만족한다'와 '만족한다' 응답 비율을 살펴보면, 2022년의 남녀 간 차이는 0.2%였다. 그러나 2023년에는 이전 해보다 2.5배 증가하여 남녀 간 삶의 만족도 차이가 0.5%로 나타났다.

일상 회복이 진행되면서 행복도 회복되기 시작했지만, 회복 속도에서 남녀 간 차이가 있음을 발견할 수 있었다. 코로나 기간 대비 코로나 이후 남성의 평균 안녕지수는 약 4.83% 증가했으나 여성은 2.32%에 그쳤으며, 이를 통해 남성이 여성보다 더 빠르게 행복이 증가하고 있는 양상을 확인할 수 있었다. 비록 엔데믹을 맞이했지만, 남녀 간 행복의 격차는 더욱 커졌으며 이는 우리가 해결해야 할 숙제로 남아 있다.

> 비록 엔데믹을 맞이했지만, 남녀 간 행복의 격차는 더욱 커졌으며 이는 우리가 해결해야 할 숙제로 남아 있다.

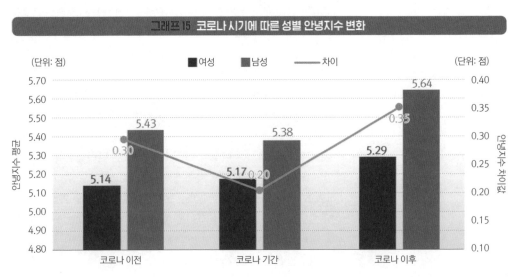

그래프 15 코로나 시기에 따른 성별 안녕지수 변화

(단위: 점)　■ 여성　■ 남성　── 차이　(단위: 점)

안녕지수 평균 / 안녕지수 차이값

코로나 이전: 여성 5.14, 남성 5.43, 차이 0.30
코로나 기간: 여성 5.17, 남성 5.38, 차이 0.20
코로나 이후: 여성 5.29, 남성 5.64, 차이 0.35

10대 청소년들은
포스트 코로나 시대에
행복이 감소한 유일한
연령대로 나타났다.

코로나는 연령대별 행복을 어떻게 바꾸어놓았을까? 코로나 시기에 따른 연령대별 행복을 살펴보면 대부분의 연령대에서는 코로나 발생 이전, 코로나 기간, 그리고 코로나 이후까지 행복이 점차 상승하는 양상을 보였다. 그러나 10대 청소년들은 예외였다. 10대 청소년들은 포스트 코로나 시대에 행복이 감소한 유일한 연령대로 나타났다. 행복의 변화 추이를 보다 면밀하게 살펴본 결과, 10대 청소년들의 경우 코로나 기간 동안 행복이 성장했으나 코로나 이후에 급격하게 감소했음을 관찰할 수 있다(그래프 16).

다른 연령대와 비교해보면, 10대 청소년들은 코로나 이전(평균 안녕지수 5.79점) 대비 코로나 기간(평균 5.67점)에 행복이 약 0.02% 근소하게 감소했으나, 코로나 이후(평균 5.28점)에는 감소했음을 확인할 수 있다. 코로나 이후 10대 청소년들의 행복은 코로나 기간에 비해 6.88% 감소했으며, 코로나 이전과 비교했을 때 8.81% 감소한 수치다. 코로나 팬데믹 이전과 비교했을 때, 코로나 기간 동안 10대 청소년의 상담 의뢰 건수는 약 10.6% 급증했다. 또한 불안, 두려움, 우울과 같은 부정적인 감정들이 코로나 2년 차에 비해 3년 차인 2022년에 증가한 것으로 확인됐다(한국청소년상담복지개발원, 2022).

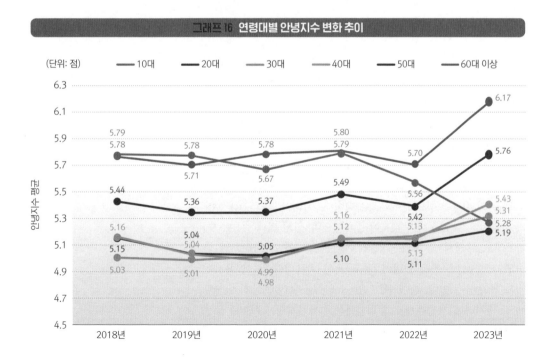

그래프 16 연령대별 안녕지수 변화 추이

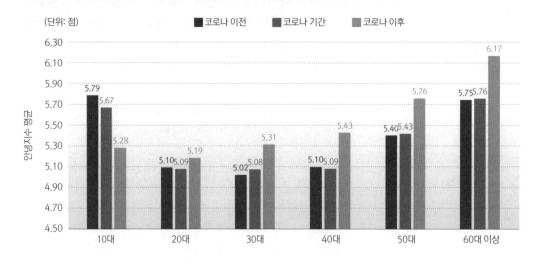

(단위: 점)   ■ 코로나 이전   ■ 코로나 기간   ■ 코로나 이후

10대 청소년들의 행복이 감소한 주된 원인은 코로나 기간 동안 잠시 해방됐던 학업 스트레스를 다시 마주해야 했기 때문일 수 있다. 일상 회복이 시작된 후 청소년들의 생활 시간을 조사한 결과, 2021년 청소년들의 대비 수면 시간은 줄어들고, 공부 시간은 더 늘어난 것으로 나타났다(김정욱, 2023). 이러한 현상을 통해 일상 회복이 청소년들에게 마냥 반갑지만은 않다는 것을 짐작해볼 수 있다.

10대 청소년들의 행복 변화는 삶의 의미와 부정정서에서 두드러지게 나타났다. 코로나 발생 이전과 코로나 기간 동안 큰 변화가 없었으나, 코로나 이후 삶의 의미는 감소한 반면 부정정서는 증가했다. 코로나 기간 대비 10대 청소년들의 삶의 의미는 9.22% 감소한 것으로 관찰됐다(그래프18). 이에 반해 지루함, 짜증, 우울, 불안을 포함한 부정정서는 4.45% 증가한 것으로 나타났다.

이는 60대 이상의 행복 변화와 대조적이다. 10대와 달리 60대 이상의 사람들은 코로나 이후 행복이 증가했으며, 삶의 의미는 10.00% 증가하고, 부정정서는 8.88% 줄어든 것으로 관찰됐다(그래프18). 기존 연구와 조사들을 통해 연령이 증가할수록 회복탄력성이 높아지는 것을 확인할 수 있다(보건복지부, 2021; Sterina et al., 2022). 위기 상황에 잘 대처하고, 감정을 빠르게 회복하는 회복탄력성은 나이가 주는 선물처럼 보인다.

위기 상황에 잘
대처하고, 감정을
빠르게 회복하는
회복탄력성은 나이가
주는 선물처럼 보인다.

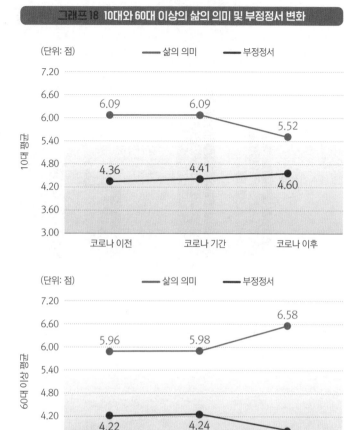

그래프 18 10대와 60대 이상의 삶의 의미 및 부정정서 변화

(단위: 점)

10대 응답자

— 삶의 의미   — 부정정서

| | 코로나 이전 | 코로나 기간 | 코로나 이후 |
삶의 의미: 6.09, 6.09, 5.52
부정정서: 4.36, 4.41, 4.60

(단위: 점)

60대 이상 응답자

— 삶의 의미   — 부정정서

삶의 의미: 5.96, 5.98, 6.58
부정정서: 4.22, 4.24, 3.86

일상 회복에 따른 행복의 변화에 있어 각 연령대별 남녀 차이가 있
는 것을 발견할 수 있다(그래프 19 상단 그래프). 10대 청소년들의 경우,
남녀 모두 행복이 감소했으나 여학생이 남학생에 비해 감소폭이 더
큰 것으로 나타났다(그래프 19 하단 그래프). 코로나 이전과 비교했을 때
여학생의 행복은 7.42% 감소하여 6.72% 감소한 남학생에 비해 약
1.10배 더 크게 감소한 것으로 관찰됐다.

청년(20대와 30대)과 중년(40대와 50대)의 행복은 모두 상승했으나 남
녀 간 차이가 있는 것으로 나타났다. 청년의 경우, 비록 큰 폭은 아
니지만 여성이 남성에 비해 행복 변화가 두드러지는 것으로 나타
났다. 코로나 이전 대비 여성의 행복은 4.18% 증가했으나 남성은
2.54% 증가한 것을 확인할 수 있었다. 중년의 경우, 행복 회복에 있

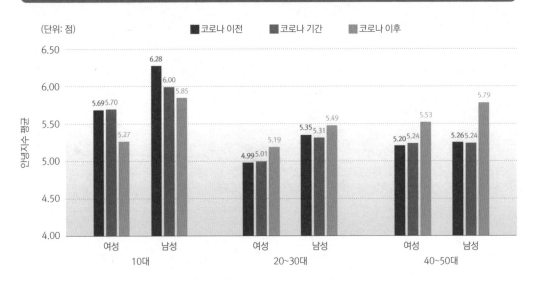

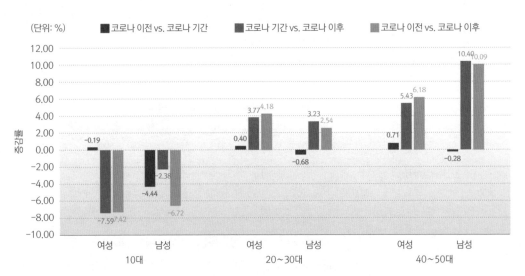

어 남성이 여성보다 더 큰 변화를 보이는 것으로 나타났다. 여성은
6.18% 증가했으나 남성은 약 1.63배 더 크게 상승하여 코로나 이전
대비 10.09% 증가했다.

카카오같이가치 마음날씨 참여자의 연령대와 성별을 토대로 12개
집단으로 나누어 코로나 이후 행복의 순위를 살펴보았다. 60대 이
상 남성(평균 안녕지수 6.27점)이 1위를 차지했고, 2위는 60대 이상 여
성(평균 6.19점)으로 나타났다. 3위는 50대 남성(평균 5.94점)이 차지했

으며, 그 뒤를 10대 남성(평균 5.85점)이 이었다. 5위는 50대 여성으로
이들의 평균 안녕지수는 5.72점으로 나타났다. 50대와 60대 남녀,
그리고 10대 남성이 상위권을 차지하고 있는 것이 관찰됐다.

그러나 이후 순위는 다른 양상을 보인다. 6위부터 8위까지 모두 남
성이 차지했으며, 40대 남성이 6위(평균 5.70점)를 기록했고 30대(평
균 5.51점), 20대 남성(5.47점)이 그 뒤를 잇는 것으로 나타났다. 9위
부터 12위까지는 모두 여성으로 확인됐는데, 10대 여학생의 행복
은 전체 12개 집단 중 11위에 위치한 것으로 확인됐다(평균 5.27점).*

코로나 발생 이전 기간 동안 10대 남학생과 여학생이 각각 1위와 4
위를 차지한 것과 비교하면(**표2**), 일상 회복 이후 10대 청소년의 행
복 격차가 심각하게 벌어졌음을 확인할 수 있다. 코로나가 남긴 행
복의 간극이 줄어들 때 비로소 진정한 일상 회복을 맞이했다고 볼
수 있지 않을까?

표2 코로나 이전과 이후의 연령대와 성별 행복 순위

순위	코로나 이전 (2018~2019년)	코로나 이후 (2023년)
1위	10대 남성	60대 이상 남성
2위	60대 이상 남성	60대 이상 여성
3위	60대 이상 여성	50대 남성
4위	10대 여성	10대 남성
5위	20대 남성	50대 여성
6위	50대 여성	40대 남성
7위	50대 남성	30대 남성
8위	30대 남성	20대 남성
9위	40대 남성	40대 여성
10위	40대 여성	30대 여성
11위	20대 여성	10대 여성
12위	30대 여성	20대 여성

---

* 궁금해할 독자를 위해 9위부터 11위까지 순위와 평균을 밝히자면, 9위는 40대 여성
(평균 안녕지수 5.41점)으로 나타났다. 10위는 30대 여성(평균 5.28점), 11위는 20대
여성(평균 5.13점)으로 확인됐다.

03 여가시설이 잘 갖춰진 지역의 부정정서는 빠르게 사라진다

2022년 8월, 한국은 전 세계에서 인구 대비 가장 많은 확진자가 발생한 것으로 기록됐다(임재희, 2022). 코로나 바이러스는 지역을 가리지 않고 전국 곳곳에 영향을 미쳤다. 2023년 8월 기준 각 지역별 인구수 대비 누적 확진자 비율을 살펴보면, 가장 적은 지역은 경북(61.73%, 누적 확진자 수 158만 명), 가장 많은 지역은 서울(71.75%, 누적 확진자 수 675만 명)로 나타났다. 전국적으로는 약 67.29%가 감염돼 세 명 중 두 명이 감염되는 사태를 경험했다.

전 지역에 걸쳐 영향을 미친 코로나는 지역의 행복에도 영향을 미쳤을까? 지역별 행복 차이를 살펴보기 위해 국내 17개 지역을 지역 특성에 따라 특별시, 광역시, 특별자치시(도)를 포함하는 대도시와 7개 도 지역으로 구분했다. 대도시에는 서울특별시, 6개 광역시(광주광역시, 대구광역시, 대전광역시, 부산광역시, 울산광역시, 인천광역시), 세종특별자치시, 2개 특별자치도(강원특별자치도, 제주특별자치도)를 포함한 10개 지역이 포함돼 있다. 그 밖의 지역으로는 7개 도(경기도, 경상남도, 경상북도, 전라남도, 전라북도*, 충청남도, 충청북도)가 포함돼 있다.

---

* 전라북도의 경우, 2024년 1월 18일 전북특별자치도로 변경됐다. 본 자료의 분석 범위가 2023년 12월 31일까지임을 고려해 지역별 분석에서 전라북도를 7개 도 지역에 포함하여 분석했다.

지역 내 여가 환경이 잘 갖춰진 곳일수록 지역의 행복이 증가했는데, 여가 환경의 효과는 도시 지역뿐만 아니라 비도시 지역에서도 일관되게 나타났다.

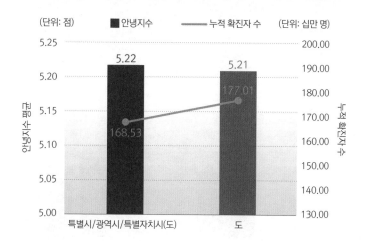

그래프 20 행정구역별 누적 확진자 수 및 전체 안녕지수 평균

먼저 대도시와 그 밖의 지역 누적 확진자 수를 확인한 결과, 대도시 지역의 누적 확진자 수 총합은 1,685만 2,964명이었고, 그 밖의 지역은 1,770만 698명으로 나타났다. 두 지역 간 평균 안녕지수를 분석한 결과, 대도시 지역의 평균 안녕지수는 5.22점, 그 밖의 지역은 5.21점으로 두 지역 간 행복에 큰 차이가 없음을 확인할 수 있었다 (그래프 20).

코로나 시기에 따른 행복 변화 역시 지역 간 차이가 존재하지 않을까? 두 지역의 행복 변화를 살펴본 결과, 대도시와 도 지역 모두 시간이 지나면서 행복이 점차 상승하는 것으로 관찰됐다. 코로나 발생 전과 비교했을 때 코로나 기간 이후 행복의 상승폭은 대도시 지역 (3.52%)이 7개 도 지역(3.21%)에 비해 근소하게 높은 것이 관찰됐다 (그래프 21 상단 그래프).

행복의 변화를 조금 더 면밀하게 살펴보기 위해 안녕지수 하위 지표의 변화를 분석했다. 그 결과 부정정서의 변화에 있어 지역 간 차이가 두드러지게 나타남을 확인할 수 있었다. 2023년 일상 회복이 시작된 이후 대도시 지역의 부정정서는 7개 도 지역에 비해 더 빠르게 감소하고 있는 것으로 나타났다(그래프 21 하단 그래프). 대도시 지역의 경우, 코로나 기간에 비해 부정정서가 6.15% 감소했고, 코로나 이전 대비 6.99% 감소했다. 이에 비해 도 지역의 경우, 코로나 기간과 비교했을 때 5.74%, 코로나 이전과 비교하면 6.10% 감소한 것으로 나타났다.

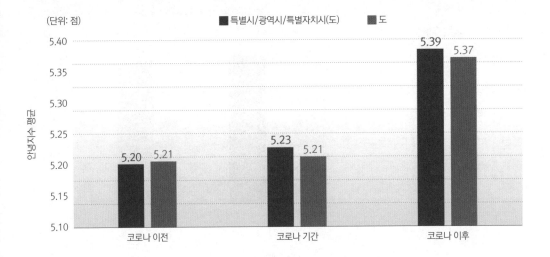

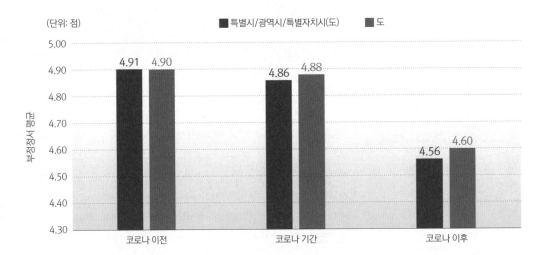

대도시와 그 밖의 지역 간 행복 차이를 설명할 수 있는 한 가지 가능성은 여가 활동의 차이다. 여가 활동은 행복을 높이는 데 도움이 된다(Nawijn & Veenhoven, 2012; Wei et al., 2015). 전 세계 33개 국가의 사람들을 대상으로 여가 활동과 행복의 관계를 조사한 결과, 여가 활동의 빈도가 많을수록 행복이 향상되는 것으로 나타났다(Wang & Wong, 2014).

지역의 문화시설 수가 증가할수록 지역 거주민의 행복 수준이 증가하는 것을 확인할 수 있었다. 이는 행복에 있어 살아가는 환경이 중요함을 다시금 상기시킨다.

여가 활동의 종류에 따라 행복에 미치는 영향에 차이가 있었는데, TV 시청이나 쇼핑보다 공연이나 스포츠 경기를 관람할 때 행복이 더 크게 증가했다. 지역의 여가 환경은 지역 거주민들의 행복을 높이는 데 기여할 수 있다. 지역 내 여가 환경이 잘 갖춰진 곳일수록 지역의 행복이 증가했는데, 여가 환경의 효과는 도시 지역뿐만 아니라 비도시 지역에서도 일관되게 나타났다(국회미래연구원, 2021).

지역의 여가 환경이 지역 거주민의 행복에 미치는 영향을 확인하기 위해 추가 분석을 수행했다. 카카오같이가치의 마음날씨 자료에는 참여자들의 거주지역 정보가 포함돼 있기 때문에 거주지역 내 문화시설이 행복에 미치는 영향을 직접적으로 검증하는 것이 가능하다. 앞서 살펴본 지역별 행복 분석 결과에서 지역에 따라 행복의 수준이 달라지는 것을 확인했다. 행복한 지역에도 행복하지 않은 사람들이 존재하며, 반대로 불행한 지역에도 매우 행복한 사람들이 존재하기 때문에 지역의 행복 수준과 지역 거주민의 행복 수준을 구분하여 살펴볼 필요가 있다.

이를 고려한 다층 분석(multilevel analysis)을 통해 지역의 여가 환경이 지역 거주민의 행복에 미치는 영향을 확인했다. 일상 회복이 시작된 2023년의 행복 자료를 통해 확인한 결과, 지역의 문화시설 수가 증가할수록 지역 거주민이 경험하는 행복의 정도가 증가하는 것을 확인할 수 있었다(그래프 22). 이는 행복에 있어 삶을 살아가는 환경의 중요성을 다시금 상기시킨다.

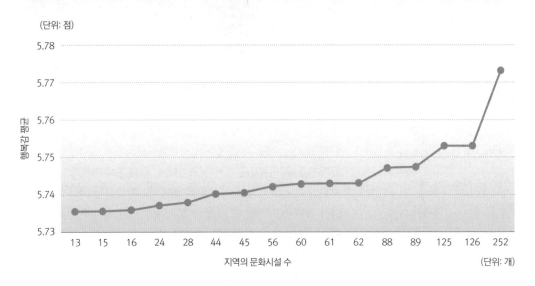

(단위: 점)

행복감 평균

지역의 문화시설 수

(단위: 개)

04 사회적 계층의 영향은 줄어드는 중

팬데믹 기간에 찾아온 경제 한파로 인해 사람들은 이중고를 겪어야
했다. 코로나가 확산되면서 각국에서 봉쇄 조치가 이어졌고, 곧이어
한국뿐만 아니라 전 세계 경제가 큰 타격을 입었다. 코로나 2년 차
에 접어든 2021년에는 코스피 3,000시대를 맞이하며 경기와 함께
일상이 회복될 것이라는 기대로 부풀었던 한 해를 보냈다. 사람들의
바람과 달리 2022년 코로나 변이 바이러스의 등장으로 확진자 수
는 급증했고, 코스피 역시 4년 만에 하락했다. 2023년의 경우, 점차
회복되는 일상에 빠르게 적응하면서 전년 대비 코스피가 18.73%
상승한 상태로 해를 마무리했다.

코로나가 확산되면서
각국에서 봉쇄 조치가
이어졌고, 곧이어
한국뿐만 아니라 전
세계 경제가 큰 타격을
입었다.

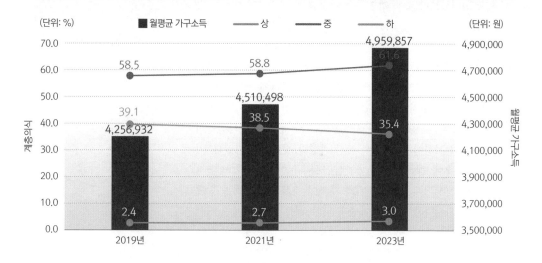

(단위: %)　■ 월평균 가구소득　── 상　── 중　── 하　(단위: 원)

계층의식

월평균 가구소득

4,959,857

4,510,498

4,256,932

	2019년	2021년	2023년
상	2.4	2.7	3.0
중	58.5	58.8	61.6
하	39.1	38.5	35.4

2023년 월평균 가구소득은 495만 9,857원으로 2021년 대비 약 9.96% 증가했다(그래프 23). 이와 함께 사람들이 스스로 지각한 사회경제적 지위에 대한 인식도 변화가 있었다. 2023년 자신의 사회경제적 계층이 '하'라고 생각한 사람들은 2021년 대비 3.1% 감소한 반면, '중'이라고 생각한다는 응답은 2.8% 증가했다. '상'으로 생각한 사람들이 0.3% 증가한 것을 고려했을 때, 전반적으로 계층의식이 높아졌음을 확인할 수 있다.

코로나 이후 향상된 계층의식은 사람들의 행복에 어떤 영향을 미쳤을까? 이 질문에 대한 답을 찾기 위해 먼저 사회경제적 지위에 대한 추가 질문에 응답한 사람들의 자료를 선별했다. 그 결과 전체 참여자 가운데 0.52%(21,039명)가 추가 질문에 응답한 것으로 확인됐다. 비록 응답 비율은 적지만 2만 명이 넘는 적지 않은 사람들이 추가 질문에 응답했으며, 총 17만 7,039건의 자료를 토대로 분석을 수행했다. 사회경제적 지위에 관한 자료가 수집되기 시작한 2019년 1월 31일부터 2023년 12월 31일까지의 자료를 분석에 사용했다. 이 기간 동안 개인의 평균 사회경제적 지위 점수를 산출하고, 이를 토대로 높은 계층(24.5%, 5,164명), 중간 계층(35.1%, 7,394명), 그리고 낮은 계층(40.3%, 8,481명)으로 구분했다. 사회경제적 지위의 응답값은 1~10점의 범위를 지니며, 높은 계층의 평균 사회경제적 지위 점수는 7.84점(표준편차 1.06점)이었다. 중간 계층의 평균은 5.33점(표준편차 .48점)이었으며 낮은 계층은 2.80점(표준편차 1.06점)으로 나타났다.

사회경제적 지위에 따른 행복의 변화 양상은 코로나 시기에 따라 다소 차이가 있는 것으로 나타났다(그래프24). 사회경제적 지위가 높거나 중간인 경우 코로나 기간에 행복이 소폭 상승한 것을 확인할 수 있었다. 반면 자신의 사회경제적 지위를 낮게 지각한 사람들의 행복은 코로나 기간에 상승한 후 다시 하강한 것으로 나타났다. 비록 코로나 이후에 행복이 감소했지만, 코로나 이전(평균 4.84점)과 비교하면 코로나 이후(평균 4.91점)의 행복이 소폭 상승했다는 점에서 안도감을 가져다준다. 높은 계층과 낮은 계층 간 차이에 있어서도 변화가 있음이 관찰됐다. 코로나 이전의 경우, 높은 계층의 평균 안녕지수가 낮은 계층 대비 31.60% 더 높았으나 코로나 기간에는 40.86% 더욱 커진 것을 확인할 수 있었다. 그러나 일상 회복이 시작되면서 계층 간 행복 격차는 24.71%로 코로나 이전 대비 더 감소했다.

사회경제적 지위와 행복에 관한 다수의 연구는 일관되게 사회경제적 지위가 높을수록 행복이 높아짐을 보고하고 있다. 앞선 분석 결과에서 코로나 기간에 사회계층에 따른 행복의 격차가 다소 줄어드는 것을 확인했다. 그렇다면 팬데믹은 사회경제적 지위와 행복의 관

코로나 이후 향상된 계층의식은 사람들의 행복에 어떤 영향을 미쳤을까?

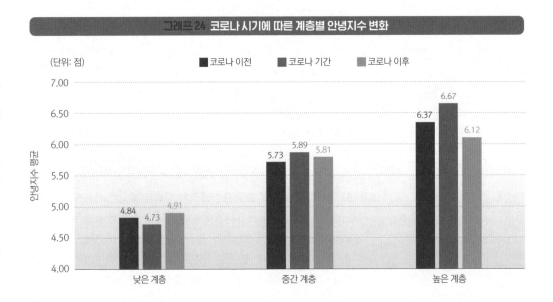

그래프 24 코로나 시기에 따른 계층별 안녕지수 변화

(단위: 점) ■ 코로나 이전 ■ 코로나 기간 ■ 코로나 이후

안녕지수 평균

낮은 계층: 4.84, 4.73, 4.91
중간 계층: 5.73, 5.89, 5.81
높은 계층: 6.37, 6.67, 6.12

일상 회복이 시작된
이후에 코로나 이전
대비 사회경제적
지위가 부정정서를
낮추는 효과가
감소했다.

계에도 영향을 미쳤을까? 사람들이 주관적으로 지각한 사회경제적 지위와 안녕지수의 관계는 코로나 시기에 따라 차이가 있는 것을 관찰할 수 있었다(그래프 25). 코로나 발생 이전인 2019년의 경우 사회경제적 지위와 안녕지수 간 상관계수가 0.32였으나, 코로나 기간에 0.38로 더욱 커졌다. 그러나 코로나 이후 상관계수는 0.23으로 나타나 엔데믹 이후 사회경제적 지위가 행복에 미치는 긍정적인 영향이 감소했음을 확인할 수 있었다.

보다 자세히 살펴보기 위해 안녕지수의 하위 지표인 긍정정서와 부정정서를 나누어 살펴보았다. 먼저 긍정정서(행복, 즐거움, 평안함)의 경우 코로나 이전의 경우 사회경제적 지위와의 관련성이 0.33이었으나, 코로나 이후인 2023년에는 0.23으로 나타났다(그래프 25). 이는 코로나 발생 이전의 상관계수의 약 30.30% 수준으로 감소했음을 보여준다.

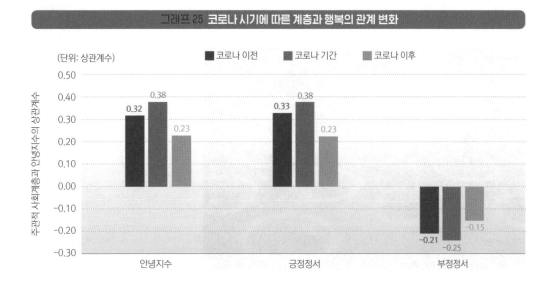

그래프 25 **코로나 시기에 따른 계층과 행복의 관계 변화**

부정정서(지루함, 짜증, 우울, 불안)에 대해서도 동일한 양상이 관찰됐다(그래프 25). 긍정정서와 마찬가지로 일상 회복이 시작된 이후에 코로나 이전 대비 사회경제적 지위가 부정정서를 낮추는 효과가 감소한 것이 관찰됐다. 코로나 이전 기간의 부정정서와 사회경제적 지위 간 상관계수는 -0.21이었으나, 코로나 이후에는 -0.15로 약 28.57% 감소했다.

부정정서의 하위 지표별로 살펴보면 짜증이 47.24%, 우울이 32.47%, 불안이 33.66%로 각각 감소했다. 지루함의 경우, 코로나 이전 시기에 사회경제적 지위와의 상관이 -0.18이었으나 코로나 이후에는 -0.16로 나타나 11.11% 감소했음을 확인할 수 있었다. 코로나 이후 상대적으로 감소 폭이 적었음에도 불구하고, 지루함은 코로나 이전과 비교할 때 코로나 기간 동안 사회경제적 지위와의 상관관계가 크게 증가한 지표 중 하나이다.

사회경제적 지위에 따라 지루함을 느끼는 정도는 달라진다. 기존 연구에 따르면 사회경제적 지위가 낮을수록 더욱 지루함을 경험하는 것으로 알려져 있다(김가람 등, 2023; Elpidorou, 2022). 코로나 이후 지루함과 사회경제적 지위의 관련성이 약화된 것에 대한 한 가지 가능한 설명은 계층에 따른 지루함의 차이가 줄어들었기 때문일 수 있다는 것이다.

코로나 발생 이전에는 높은 계층과 낮은 계층의 지루함 차이는 1.24점(낮은 계층의 지루함 평균 5.19점 vs. 높은 계층 3.95점)이었으나 코로나 기간 동안 1.53점(낮은 계층 5.45점 vs. 높은 계층 3.91점)으로 더욱

코로나 이후 계층 간 지루함 차이가 줄어들었다. 즉, 사회경제적 지위와 지루함의 관련성이 낮아졌다는 것이다.

누군가는 행복하고
누군가는 불행하다면,
이들의 행복 차이를
무엇으로 설명할 수
있을까?

커졌다. 그러나 코로나 이후 이 차이가 1.12점(낮은 계층 4.96점 vs. 높은 계층 3.84점)으로 감소했다.

이를 통해 높은 사회경제적 지위의 사람들이 지루함을 덜 경험하는 심리적 혜택이 코로나 이후에 줄어들었음을 짐작할 수 있다. 또한 코로나 이후 낮은 계층의 사람들이 경험하는 지루함은 높은 계층보다 더 많이 감소했다. 일상의 회복은 사회경제적 지위가 낮은 사람들에게 더욱 반갑게 느껴졌을지도 모른다.

05 외향적인 사람의 행복을 잠시 주춤하게 만든 팬데믹

누군가는 행복하고 누군가는 불행하다면, 이들의 행복 차이를 무엇으로 설명할 수 있을까? 성격은 행복의 개인차를 설명하는 가장 대표적인 요인 중 하나이다. 특히 외향성(extraversion)은 개인의 행복을 예측하는 강력한 요인으로 알려져 있다. 다른 이들과 어울리기 좋아하고, 자극을 추구하며, 더 활발한 외향적인 사람들이 내향적인 사람들에 비해 더 행복한 것으로 알려져 있다(Anglim et al., 2020).

그러나 코로나 팬데믹으로 인해 외향적인 사람들의 행복에 대한 기존 연구 결과에 많은 사람이 의문을 제기했다. 야외 활동과 대면 접촉의 제한으로 외향적인 사람들의 행복이 감소했을 것이라는 주장이 제기됐다. 반면 회식과 불필요한 만남의 감소로 인해 내향적인 사람들의 행복이 크게 증가할 것이라고 주장하는 사람도 있었다.

팬데믹 초기에 수행된 연구 결과들은 앞선 주장에 힘을 실어주었다. Choi 등(2022)은 코로나 발생 직후인 2020년 1월부터 2020년 4월까지의 자료를 토대로 외향성과 행복의 관계를 검증했다. 연구 결과에 따르면, 처음으로 사회적 거리두기가 시행된 2020년 3월 직후 외향적인 사람들의 행복이 내향적인 사람들에 비해 더욱 감소한 것으로 나타났다. 이후 2020년 7월에 수행된 또 다른 연구에 따르면, 외향성과 긍정정서의 관계가 코로나 이전에 비해 약화된 것으로 나타났다(Anglim & Horwoord, 2021).

그러나 코로나 팬데믹이 장기화되면서 확진자 수는 더욱 증가했고, 사회적 거리두기 조치가 강화됐다가 이후 완화되는 등 많은 변화가 발생했다. 엔데믹 선언과 함께 일상이 회복되기 시작되면서 행복도 점차 상승했다 그래프 26). 코로나 시기에 따른 행복 변화에 있어서 외향적인 사람과 내향적인 사람들은 어떤 차이가 있을까?

이를 위해서는 코로나 이전부터 코로나 이후까지 장기간에 걸쳐 축적된 데이터가 필수적이다. 카카오같이가치 마음날씨는 코로나 발생 이전인 2018년부터 현재까지도 사람들의 행복 자료를 축적하고 있기 때문에 질문에 대한 답을 찾는 데 충분한 정보를 제공할 수 있다.

2019년 9월부터 2023년 9월까지 외향성에 관한 질문에 추가로 응답한 사람들을 확인한 결과, 참여자 중 약 4.99%(20만 3,216명)가 추가 질문에 응답한 것으로 확인됐다. 외향성 점수는 0점부터 4점까지 분포하며, 점수가 높을수록 외향성이 높은 사람임을 나타낸다. 개인의 평균 외향성 점수를 토대로 높은 외향성(31.1%, 평균 2.87점), 중간 외향성(41.3%, 평균 2.06점), 그리고 낮은 외향성(27.7%, 1.29점)으로 나누어 행복의 변화를 살펴보았다.

그래프 26 에서 볼 수 있듯이, 외향성과 무관하게 세 개의 집단 모두 코로나 시기를 거치며 행복이 상승했다. 높은 외향성의 경우 코로나 이전에는 평균 안녕지수가 6.01점이었으나, 코로나 기간에는 5.94점이었으며, 코로나 이후에는 6.38점으로 나타났다. 낮은 외향성은 코로나 이전에 4.42점, 코로나 기간에 4.55점, 코로나 이후에는 4.62점으로 관찰됐다.

코로나 시기에 따른 행복 변화에 있어서 외향적인 사람과 내향적인 사람들은 어떤 차이가 있을까?

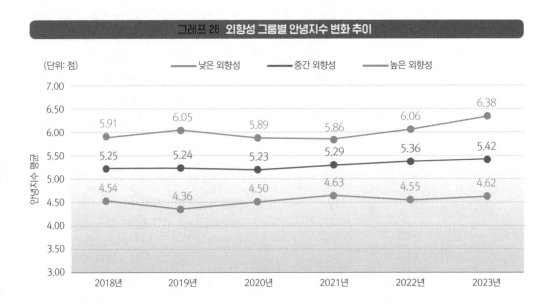

그래프 26 외향성 그룹별 안녕지수 변화 추이

(단위: 점) ── 낮은 외향성 ── 중간 외향성 ── 높은 외향성

안녕지수 평균

	2018년	2019년	2020년	2021년	2022년	2023년
높은 외향성	5.91	6.05	5.89	5.86	6.06	6.38
중간 외향성	5.25	5.24	5.23	5.29	5.36	5.42
낮은 외향성	4.54	4.36	4.50	4.63	4.55	4.62

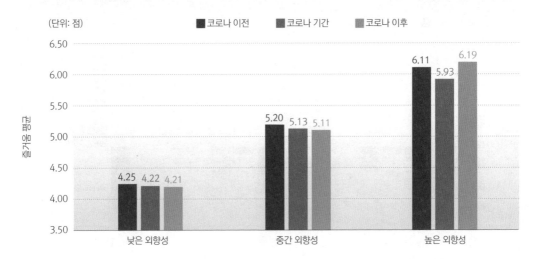

(단위: 점) ■ 코로나 이전 ■ 코로나 기간 ■ 코로나 이후

즐거움 평균

6.50
6.00
5.50
5.00
4.50
4.00
3.50

낮은 외향성   4.25 4.22 4.21

중간 외향성   5.20 5.13 5.11

높은 외향성   6.11 5.93 6.19

코로나 이전 대비 코로나 기간의 변화를 확인한 결과 외향적인 사람과 내향적인 사람들의 행복 변화가 상반되게 나타났다. 외향적인 사람의 행복은 감소한 반면, 내향적인 사람의 행복은 상승했음이 관찰됐다. 이러한 행복 변화는 코로나 첫해에 두드러졌다. 높은 외향성의 경우, 2019년 대비 2020년 행복이 2.64% 감소했다. 반면 내향적인 사람들은 코로나 첫해 행복이 3.21% 증가한 것으로 나타났다.

외향적인 사람들의 행복 감소는 즐거움에서 더욱 두드러지게 나타났다. 외향성이 낮은 사람들은 코로나 이전 기간의 즐거움 평균이 4.25점에서 코로나 기간에 4.22점으로 감소했다. 그러나 외향성이 높은 사람들은 6.11점에서 5.93점으로 감소했음이 관찰됐다. 흥미로운 점은 코로나 이후의 변화 양상에서도 외향성에 따라 차이가 발견됐다는 점이다. 낮은 외향성은 코로나 이후에 즐거움 평균 점수가 4.21점으로 지속적으로 감소한 반면, 높은 외향성을 지닌 사람들은 코로나 이후에 6.19점으로 즐거움이 코로나 이전에 비해 더 높은 수준으로 회복됐다.

즐거움의 변화 정도를 살펴보면(그래프 28), 코로나 발생 이전 대비 코로나 기간에 낮은 외향성을 지닌 사람들은 0.72% 감소한 데 반해 외향적인 사람들은 3.08% 감소한 것으로 나타났다. 그러나 코로나 이후에는 이와 상반되는 현상이 관찰됐다. 외향성이 낮은 사람들은

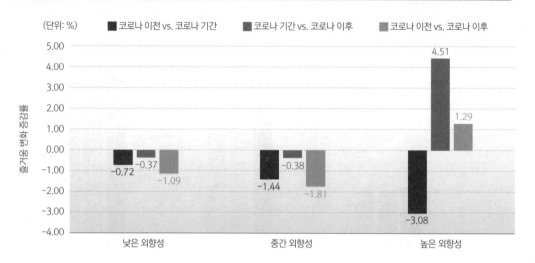

(단위: %) ■ 코로나 이전 vs. 코로나 기간 ■ 코로나 기간 vs. 코로나 이후 ■ 코로나 이전 vs. 코로나 이후

지속적으로 감소하여, 코로나 이후 0.37% 감소했으나 외향성이 높은 사람들은 4.51% 증가했다. 외향성이 높은 사람이든 낮은 사람이든, 정도의 차이는 있었으나 모두 코로나 기간에 즐거움이 감소했으며 외향성이 높을수록 감소의 폭이 더 큰 것으로 관찰됐다.

외향성 정도에 따라 행복의 원천이 다를 수 있다. 외향성과 행복에 관한 연구에 따르면 외향적인 사람들은 대인관계에서, 내향적인 사람들은 여가 활동에서 행복을 경험하는 것으로 나타났다(박은미, 정태연, 2015). 외향적인 사람들은 팬데믹 기간 동안에도 사람들과 연결을 유지함으로써 행복을 경험했을 가능성이 있다. 코로나 1년 차와 2년 차에는 행복이 감소했으나 코로나 3년 차인 2022년에는 빠르게 행복을 회복했다 그래프 26 .

성격, 일상 활동 및 행복의 관계를 살펴본 연구에 따르면, 외향성이 높은 사람들은 팬데믹 기간에도 다른 사람들과 온라인 및 오프라인으로 더 활발하게 소통했으며, 이러한 긴밀한 상호작용이 행복감을 높인 것으로 나타났다(Kroencke et al., 2023). 이를 통해 외향성이 높은 사람들의 행복 비결이 사람들과의 깊은 연결에 있다는 것을 다시 한번 확인할 수 있다.

모두 코로나 기간에 즐거움이 감소했으며 외향성이 높을수록 감소의 폭이 더 큰 것으로 관찰됐다.

성격은 행복의 개인차를 설명하는 가장 대표적인 요인 중 하나이다.
특히 외향성은 개인의 행복을 예측하는 강력한 요인으로 알려져 있다.
다른 이들과 어울리기 좋아하고, 자극을 추구하며, 더 활발한 외향적인
사람들이 내향적인 사람들에 비해 더 행복한 것으로 알려져 있다.

Happiness in 2023

3
코로나가 우리에게 남긴
마음의 지형

코로나가 우리에게 남긴 영향은 온라인 쇼핑 선호 현상이나 개인위생을 중요시하는 습관 등 일상의 변화뿐만 아니라 우리의 심리적 특성에도 변화를 주었다. 자존감, 감사, 물질주의, 개인주의와 집단주의 등 행복과 밀접하게 관련돼 있는 심리적 특성이 어떻게 변했는지 살펴보았다.

많은 영역에서 일상이 회복됐음에도 우리는 코로나 이전과는 다른 새로운 세상을 살아가고 있다. 팬데믹 기간 동안 모든 것을 비대면으로 해결하면서 온라인 쇼핑이 증가했다. 오프라인 쇼핑에 대한 제한이 없음에도 불구하고, 사람들은 여전히 온라인 구매를 선호하는 것으로 나타났다(이완, 2024). 또한 마스크 착용 의무가 해제된 후에도 여전히 사람들은 마스크를 착용하거나 개인위생을 중요시하는 습관을 유지하고 있다. 코로나가 우리에게 남긴 영향은 단순히 일상의 변화에 국한되지 않는다. 행복의 변화와 함께 사람들의 심리적 특성에도 변화를 남겼다. 3장에서는 행복과 밀접하게 관련돼 있는 심리적 특성인 자존감, 감사, 물질주의, 그리고 개인주의와 집단주의가 어떻게 변했는지 살펴보고자 한다.

행복감의 변화는 사람들의 심리적 특성에도 영향을 미쳤다.

- 자존감이 행복의 기초 체력과도 같다는 말은 자존감이 행복에 얼마나 중요한지 잘 드러낸다. 행복과 밀접한 관련이 있는 자존감은 코로나 시기를 거치며 어떻게 변했을까? 자존감의 변화 양상을 살펴보고, 연령대별로 자존감 변화에 차이가 있는지 알아본다. 이와 함께 행복 천재와 취약층의 자존감 변화에 어떤 차이가 있는지도 살펴본다.

- 코로나는 우리에게 상처만 남긴 것은 아니다. 코로나 기간은 관계의 소중함과 의료진에 대한 감사함을 느낄 수 있었던 시기이기도 했다. 코로나 시기를 거치며 사람들이 경험한 감사가 어떻게 변했는지 살펴본다. 또한 감사를 통해 누리는 행복이 코로나 시기에 따라 어떻게 달라졌는지도 알아본다.

- 주식 투자자를 대상으로 한 조사 결과에 따르면, 주식 투자자 세 명 중 한 명이 코로나 발생 이후에 주식을 시작한 것으로 나타났다(김소영, 2020). 코로나 이후 주식을 시작한 사람 중 무려 46%가 물질주의 성향으로 분류됐는데, 이는 전체 물질주의자 비율인 32%에 비해 상당히 높은 수치다. 코로나가 사람들의 물질주의 성향을 증가시켰는지, 그리고 물질주의와 행복의 관계가 코로나 시기에 따라 어떻게 변했는지 살펴본다.

- 코로나 초기, 한국의 집단주의 성향은 방역에 긍정적으로 작용했다. 집단주의 성향이 높을수록 사회적 거리두기에 더욱 적극적으로 참여했다(한지민, 최훈석, 2021; Im & Chen, 2020). 그러나 포스트 코로나 시대에는 핵개인화 현상이 점차 가속화되고 있다는 의견도 존재한다. 코로나 이전부터 현재까지 개인주의와 집단주의 성향은 어떻게 변했는지 살펴본다.

표 3 코로나 시기별 자아존중감 응답자 수 및 응답 건수		
	데이터 매칭 후	
시기	응답자 수 (단위: 명)	응답 건수 (단위: 건)
코로나 이전	291,893	322,369
코로나 기간	155,167	175,721
코로나 이후	10,175	11,811
계	457,235	509,901

변화된 일상 속에서 사람들의 자아존중감은 어떻게 변화했을까?

01 팬데믹 후 성장한 자아존중감, 10대만 겪은 하락세

코로나는 우리의 일상을 근본적으로 변화시켰다. 이렇게 변화된 일상 속에서 사람들의 자아존중감은 어떠한 변화를 겪었을까?

자아존중감은 가장 널리 사용되는 로젠버그 자존감 척도(Rosenberg Self-esteem Scale)를 통해 측정됐으며, 참여자들은 '나는 나 자신에 대해 긍정적으로 생각한다' 등의 문항을 읽고 7점 척도상에 응답했다. 점수가 높을수록 자아존중감이 높음을 의미한다. 자아존중감 자료는 2018년 1월부터 수집됐으며, 코로나 이전 자료는 2018년, 2019년, 코로나 기간은 2020년부터 2022년까지, 그리고 코로나 이후 자료는 2023년에 수집된 자료를 포함하고 있다(표3).

코로나 기간 동안 자아존중감이 하락하지 않았다는 사실은 안도감을 준다.

자아존중감 평균의 변화를 확인한 결과, 코로나 이전 시기의 자아존 중감 평균은 4.58점으로 나타났다. 코로나 기간 동안에는 4.67점으 로 나타나 코로나 이전 대비 약 1.99% 증가했다. 코로나 이후에는 4.66으로 나타나 코로나 기간 대비 변화가 없는 것으로 나타났다.

연도별 자아존중감 변화를 자세히 살펴보면, 2018년부터 코로나 첫해까지 꾸준히 상승한 후, 큰 변화 없이 유지되고 있는 것을 확인 할 수 있다. 만약 팬데믹이 아니었다면 2020년 이후에도 지속적으 로 자아존중감이 상승했을 가능성을 확인하기 위해서는 더 정교한 분석과 추가 연구들이 필요하다.

팬데믹이 확산되고 장기화되면서 사람들은 죽음에 대한 두려움과 일상의 변화로 인해 불안을 경험했다. 자아존중감은 팬데믹과 같은 극심한 스트레스 상황에서 경험하는 부정적 영향에 대한 완충 작용 을 하는 것으로 알려져 있다(Rossi et al., 2020). 이를 감안하면 코로 나 기간 동안 자아존중감이 하락하지 않았다는 사실에서 안도감을 느낄 수 있다.

그러나 자아존중감의 완충 효과를 모두가 경험한 것은 아니다. 연 령대별로 자아존중감 변화를 살펴본 결과, 대부분의 연령대에서 자 아존중감이 코로나 이후에 상승하는 양상이 관찰됐다(그래프 30). 특히 60대 이상(1.8%, 8,445명)에게서 이러한 증가가 두드러졌다. 60대 이

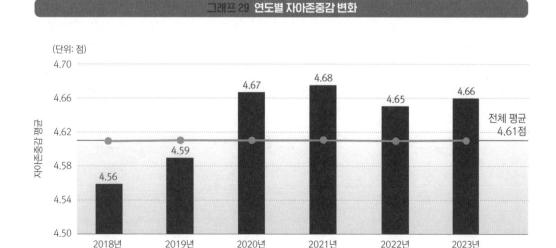

그래프 29 연도별 자아존중감 변화

(단위: 점)

자아존중감 평균

전체 평균 4.61점

4.56 (2018년) 4.59 (2019년) 4.67 (2020년) 4.68 (2021년) 4.65 (2022년) 4.66 (2023년)

상의 경우, 코로나 이전(평균 4.94점) 대비 코로나 기간 동안(평균 5.05점) 자아존중감이 소폭 상승했고, 코로나 이후에는 5.23점으로 코로나 이전 대비 5.66% 상승했다.

코로나 이후 대부분의 연령대에서 자아존중감이 상승했지만 10대 청소년들은 유일하게 자아존중감이 감소했다. 코로나 발생 이후 10대 청소년(5.2%, 2만 3,612명)의 자아존중감은 지속적으로 감소했다. 코로나 이전에 자아존중감 평균이 4.77점으로 해당 기간 동안의 전체 평균인 4.58점에 비해 더 높은 것으로 관찰됐으나, 코로나 기간에는 4.41점으로 약 7.55% 감소했고, 이후 추가로 2.72% 더 감소했다. 결과적으로 코로나 이후 10대 청소년의 자아존중감은 코로나 이전 대비 10.06% 감소해 모든 연령대 중 가장 낮은 수치를 기록했다.

그래프 30 **코로나 시기에 따른 연령대별 자아존중감 변화**

(단위: 점) **10대 자아존중감 평균**

	코로나 이전	코로나 기간	코로나 이후
	4.77	4.41	4.29

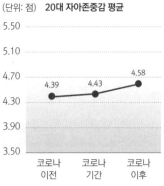

(단위: 점) **20대 자아존중감 평균**

	코로나 이전	코로나 기간	코로나 이후
	4.39	4.43	4.58

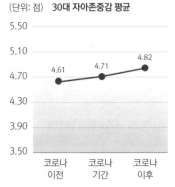

(단위: 점) **30대 자아존중감 평균**

	코로나 이전	코로나 기간	코로나 이후
	4.61	4.71	4.82

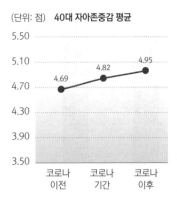

(단위: 점) **40대 자아존중감 평균**

	코로나 이전	코로나 기간	코로나 이후
	4.69	4.82	4.95

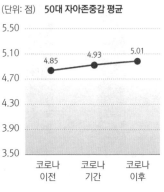

(단위: 점) **50대 자아존중감 평균**

	코로나 이전	코로나 기간	코로나 이후
	4.85	4.93	5.01

(단위: 점) **60대 이상 자아존중감 평균**

	코로나 이전	코로나 기간	코로나 이후
	4.95	5.05	5.23

코로나로 인한
일상의 변화가
10대 청소년들의
자아존중감을
위협하고 있다.
이는 무엇보다 10대
청소년들의 일상이
빠르게 회복돼야 하는
이유이다.

10대 청소년의 자아존중감 하락은 일상생활의 변화와 관련돼 있을 수 있다. 코로나 기간 동안 10대 청소년들이 경험한 일상생활 변화와 자아존중감의 관계를 조사한 결과, 혼자 있는 시간, 불규칙한 식사, 게임과 온라인 활동의 증가가 자아존중감 저하와 관련돼 있는 것으로 밝혀졌다(김유리, 2021). 청소년들은 코로나로 인한 체중 증가나 체력 저하와 같은 신체적 변화를 가장 큰 일상의 어려움으로 꼽았으며, 미디어 사용 시간의 증가(3위), 혼자 있는 시간의 증가로 인한 외로움(5위)도 어려움으로 손꼽았다(계승현, 2022). 코로나로 인한 일상의 변화가 10대 청소년들의 자아존중감을 위협하고 있음을 보여준다. 이는 무엇보다 10대 청소년들의 일상이 빠르게 회복돼야 하는 이유이다.

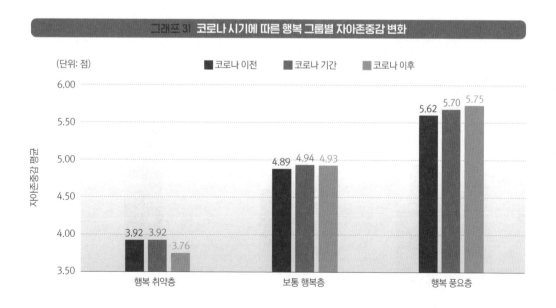

그래프 31 코로나 시기에 따른 행복 그룹별 자아존중감 변화

(단위: 점)　　■ 코로나 이전　■ 코로나 기간　■ 코로나 이후

자아존중감 평균

	코로나 이전	코로나 기간	코로나 이후
행복 취약층	3.92	3.92	3.76
보통 행복층	4.89	4.94	4.93
행복 풍요층	5.62	5.70	5.75

자아존중감은 행복의 기초 체력과 같이 중요하다고 할 정도로 행복과 밀접하게 관련돼 있다. 높은 수준의 행복을 경험하고 있는 사람과 그렇지 못한 사람의 자아존중감 변화 양상이 차이가 있는지 확인하기 위해 2018년부터 2023년까지 안녕지수에 추가적으로 응답한 사람들을 선별했다. 이 추가 질문에 응답한 참여자들은 전체 응답자 가운데 92.0%(42만 749명)였다. 개인의 평균 안녕지수 점수를 토대로, 참여자들을 행복 풍요층(26.7%, 평균 안녕지수 7.66점), 보통 행복층(23.9%, 평균 5.76점), 행복 취약층(49.4%, 평균 3.67점)으로 구분했다.

행복 수준에 따른 자아존중감 평균을 살펴본 결과, 행복 풍요층의 경우 코로나 기간을 거치며 자아존중감이 지속적으로 상승했다(코로나 이전 5.62점, 코로나 기간 5.70점, 코로나 이후 5.75점). 반면 행복 취약층은 코로나 이전부터 코로나 기간 동안 3.92점으로 변화가 없었으나, 코로나 이후에는 3.76점으로 나타나 자아존중감이 감소한 것이 관찰됐다(그래프 31).

코로나 이전 대비 코로나 이후 행복 풍요층의 자아존중감은 2.39% 상승한 반면, 행복 취약층은 3.98% 감소했다. 행복 풍요층의 자아존중감이 꾸준히 증가한 사실을 통해 다시 한번 행복의 중요성을 확인할 수 있다. 행복은 팬데믹으로 인한 극심한 스트레스 상황에서 'Love My Self', 즉 자신을 사랑하고 존중하는 태도를 갖는 데 도움이 될 수 있다.

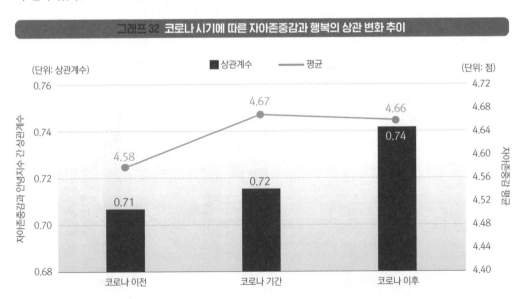

그래프 32 **코로나 시기에 따른 자아존중감과 행복의 상관 변화 추이**

행복은 자아존중감을 높이는 데 도움이 될 수 있다. 또한 자아존중감의 상승은 행복의 증가로 이어지는 선순환적인 결과를 만들 수 있다. 코로나 시기를 거치며 자아존중감과 행복의 상관이 점점 더 강해졌음을 확인할 수 있다(그래프 32). 추가 분석 결과, 자아존중감이 1점 상승할 때 행복이 약 1.19점 증가한다는 것을 발견했다.

이는 전체 자료를 기준으로 주중 대비 주말에 행복이 0.07점 향상되는 것과 비교했을 때, 자아존중감에 의한 행복의 증가가 주말 효과보다 약 17배 더 크다는 것을 의미한다. 즉 주말에 느끼는 행복 이상의 큰 행복 상승을 자아존중감의 향상을 통해 경험할 수 있다는 것이다. 특히 코로나 이후 자아존중감이 감소함에도 불구하고, 자아존중감과 행복의 상관관계가 더욱 강화된 것을 통해 일상 회복이 시작된 이후에 자아존중감이 행복 유지에 더욱 중요해졌음을 확인할 수 있다.

02 포스트 코로나 시대, 더 큰 감사를 경험하다

2020년 4월 16일, 코로나로 고생하는 의료진 등을 응원하기 위해 '덕분에 챌린지'가 진행됐다. 캠페인이 시작된 지 일주일 만에 SNS에는 약 2,700개의 게시물이 #감사합니다와 같은 태그와 함께 게시됐다. 한국뿐만 아니라 전 세계적으로 최전선의 의료진에게 감사를 표현하는 캠페인이 진행됐다. 영국에서는 '보살피는 이들을 위해 박수를(Clap for carers)' 캠페인을 통해 매주 목요일 밤에 의료진을 위해 박수를 보내는 시간을 갖기도 했다(정영훈, 2020).

한국뿐만 아니라 전 세계적으로 최전선의 의료진에게 감사를 표현하는 캠페인이 진행됐다.

표 4 코로나 시기별 감사 성향 응답자 수 및 응답 건수

시기	데이터 매칭 전	
	응답자 수 (단위: 명)	응답 건수 (단위: 건)
코로나 이전	83,557	90,149
코로나 기간	23,623	26,654
코로나 이후	509	567
계	107,689	117,370

코로나 이후 증가한 감사 성향과 감사에 대한 사람들의 언급량은 어떤 관련이 있을까?

감사는 스트레스를 낮춰주고 사람들 간 연결을 강화하는 데 도움이 되는 것으로 알려져 있다(Rash et al., 2011). 이러한 감사의 특성을 고려할 때, 스트레스가 많고 대면 접촉이 제한된 팬데믹 시기에 감사는 더욱 필요한 심리적 특성으로 보인다. 그렇다면 코로나 시기에 따라 사람들이 경험하는 감사는 어떻게 변했을까?

사람들의 감사 성향은 '내 삶에는 감사할 거리가 매우 많다' 등의 문항을 통해 측정됐다. 참여자들은 문항을 읽고 7점 척도상에 응답했으며 점수가 높을수록 감사 성향이 높다는 것을 나타낸다. 감사의 변화를 살펴보기에 앞서, 성향점수매칭 방법을 통해 코로나 이후에 응답한 사람들과 유사한 사람들을 선별했다. 감사에 대한 자료 수집은 2018년 1월부터 시작됐으며, 따라서 코로나 이전 기간은 2018년과 2019년이 포함돼 있다. 코로나 기간은 2020년부터 2022년까지 포함돼 있으며, 코로나 이후는 2023년 한 해 동안의 자료를 포함하고 있다(표4).

감사 성향을 코로나 시기별로 살펴본 결과, 코로나 이전 감사의 평균 점수는 4.96점이었다. 코로나 기간 동안에는 5.20점으로, 코로나 이전 대비 약 4.71% 증가했다. 코로나 기간 동안의 변화를 살펴본 결과, 2020년 평균은 5.21점이었으나 2021년에는 소폭 감소하여 5.07점으로 나타났다. 이후 2022년에 5.24점으로 다시 증가하는 양상이 관찰됐다. 코로나 이후인 2023년의 경우, 감사 평균이 5.23점으로 나타나 2022년의 감사 성향이 변화 없이 유지되고 있는 것으로 나타났다. 그러나 코로나 이전 기간과 비교했을 때 5.34% 증가한 것을 확인할 수 있었다(그래프33).

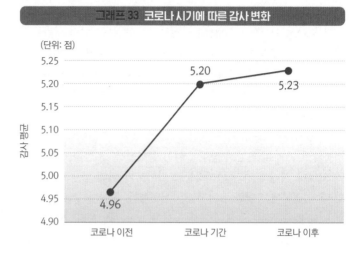

(단위: 점)

5.25
5.20   5.20
5.15
5.10
5.05
5.00
4.95
4.90

감사점수

4.96   5.20   5.23

코로나 이전   코로나 기간   코로나 이후

코로나 이후 증가한 감사 성향과 감사에 대한 사람들의 언급량은 어떤 관련이 있을까? 2018년부터 SNS에서 '감사', '고마움'을 표현한 소셜 언급량 추세를 확인한 결과, 코로나 이전 기간인 2018년부터 2019년의 언급량이 다른 해에 비해 많은 것으로 나타났다 (그래프 34). 코로나 1년 차인 2020년에는 소폭 감소했으며, 이후 2021년에는 이전 해 대비 27.67% 감소한 것으로 나타났다. 그러나 이후 꾸준히 증가해 2022년에는 전년 대비 6.60% 증가했으며, 2023년은 14.40% 증가하여 증가 추세가 점차 강해지는 것이 관찰됐다.

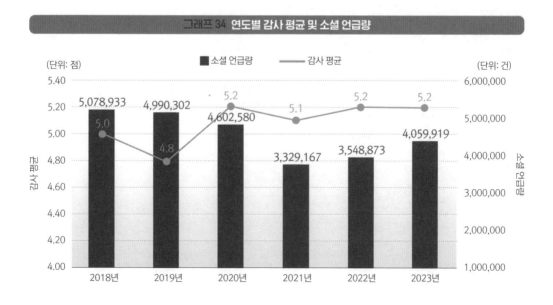

(단위: 점)   ■ 소셜 언급량   ── 감사 평균   (단위: 건)

5.40   6,000,000
5.20   5,078,933 4,990,302   5.2   5.2   5.2
                           4,602,580   5.1   5,000,000
5.00   5.0
                                     3,329,167 3,548,873 4,059,919
4.80   4.8   4,000,000
4.60
                                                             3,000,000
4.40
4.20   2,000,000
4.00   1,000,000
      2018년   2019년   2020년   2021년   2022년   2023년

감사점수   소셜언급량 건수

연도별 감사 성향의 평균과 함께 살펴보면, 감사에 대한 소셜 언급량이 증가하기 시작한 2021년 이전인 2019년부터 이미 사람들의 감사 성향이 증가하는 추세를 보였다. 이는 사람들의 심리적 특성 변화가 현실의 관심 변화를 예측할 수 있음을 보여주지만, 이러한 관계를 더 명확하게 이해하기 위해서는 장기간의 데이터 축적과 보다 정교한 분석이 필요할 것이다.

행복의 수준에 따라 감사 성향에 차이가 있을까? 또한 이러한 차이가 코로나 시기에 따라 변화하는지 알아보기 위해 안녕지수에 대한 추가 질문에 응답한 참여자들을 선별했다. 참여자 중 87.98%(9만 4,750명)가 안녕지수에 추가로 응답한 것을 확인했다. 개인의 안녕지수 평균을 기준으로, 행복 풍요층(29.6%, 안녕지수 평균 7.91점), 보통 행복층(32.1%, 평균 5.65점), 그리고 행복 취약층(38.3%, 평균 3.50점)으로 구분했다. 분석 결과 행복 수준이 높을수록 감사 성향 역시 높아지는 것을 확인할 수 있었다. 행복 풍요층의 감사 성향 평균은 5.91점이었으며, 보통 행복층은 5.10점, 그리고 행복 취약층은 4.26점으로 나타났다.

코로나 시기에 따른 행복의 차이를 살펴본 결과, 코로나 이전과 비교했을 때 코로나 기간의 감사는 모든 집단에서 증가했는데 행복 취약층(3.77%)에 비해 보통 행복층(4.67)%과 행복 풍요층(4.15%)에서 더 크게 증가했다 (그래프 35). 그러나 일상 회복이 시작된 이후에 감사 성향의 증가는 행복 취약층에서 두드러지게 나타났다. 행복 풍요층과 보통 행복층은 코로나 이전 대비 코로나 이후에 각각 4.43%, 4.26% 감사 성향이 증가한 것으로 나타났다. 반면 행복 취약층의 경우, 코로나 이전과 비교했을 때 코로나 이후에 7.11% 증가했다.

행복 취약층은 일상 회복이 시작된 것에 더 큰 감사를 경험하고 있음을 확인할 수 있었다. 이를 통해 한 가지 확인할 수 있는 사실은, 행복의 수준에 따라 감사를 경험하는 상황이 다를 수 있다는 것이다. 행복 풍요층 또는 행복 보통층은 팬데믹 상황에서 더 큰 감사를 경험한 것에 비해 행복 취약층은 일상 회복이 시작된 것에 더 큰 감사를 경험하고 있음을 확인할 수 있었다.

행복 취약층은 일상 회복이 시작된 것에 더 감사함을 느끼고 있었다.

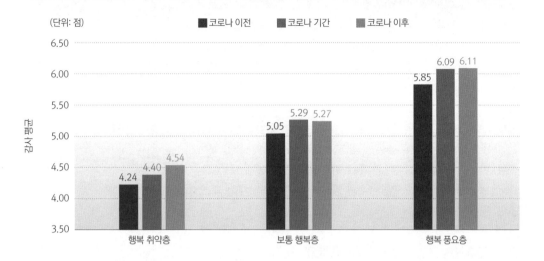

(단위: 점)   ■ 코로나 이전   ■ 코로나 기간   ■ 코로나 이후

감사 평균

행복 취약층: 4.24, 4.40, 4.54
보통 행복층: 5.05, 5.29, 5.27
행복 풍요층: 5.85, 6.09, 6.11

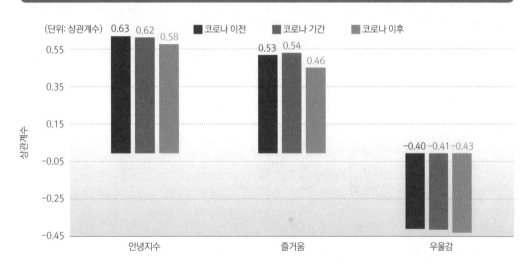

(단위: 상관계수)   ■ 코로나 이전   ■ 코로나 기간   ■ 코로나 이후

상관계수

안녕지수: 0.63, 0.62, 0.58
즐거움: 0.53, 0.54, 0.46
우울감: -0.40, -0.41, -0.43

감사 성향과 안녕지수의 상관은 0.63으로 나타났다. 코로나 시기별로 나누어 살펴보면, 코로나 이전에는 0.63, 코로나 기간 동안에는 0.62, 그리고 코로나 이후에는 0.58로, 점차 감소하는 것으로 나타났다(그래프 36). 이러한 결과에 대해 행복에 대한 감사 효과가 감소했다고 해석하는 데는 주의가 필요하다. 감사 성향이 코로나 기간을 거치면서 점차 증가했다는 점을 함께 고려했을 때(그래프 33), 이미 감사 성향이 매우 높아졌기 때문에 상관이 과소평가됐을 가능성이 있기 때문이다.

감사 성향과 안녕지수 하위 지표와의 상관을 살펴본 결과, 전반적으로 감사 성향은 부정정서나 스트레스와 같은 부정적인 지표보다 긍정적인 지표(삶의 만족, 삶의 의미, 긍정정서)와 더 큰 관련성을 보였다. 흥미로운 점은 코로나 시기에 따라 감사의 효과가 다르다는 것이다. 즐거움의 경우, 팬데믹 기간 동안 감사와의 관련성이 상대적으로 높게 나타났다.

팬데믹으로 인해 두려움과 불안을 경험하는 시기에 감사를 주고받는 것이 일상의 즐거움을 높이는 데 도움이 될 수 있다는 것을 보여준다. 반면 우울감은 코로나 이후에 감사와 상관이 높게 나타났는데, 이는 일상 회복이 시작된 이후의 감사가 우울감을 낮추는 데 도움이 된다는 것을 나타낸다.

03 물질주의의 그늘에서 한 걸음 물러나다

세계 가치관 조사 결과에 따르면, 한국의 물질주의자 비율이 55.06%로 나타났으며, 이는 미국(20.87%), 일본(24.95%)에 비해 각각 2.64배, 2.21배 높은 수치다(조태성, 2017). 한국에서의 명품 소비 역시 물질주의 성향을 반영한다. 2022년, 영국의 롤스로이스는 역대 최대 판매량을 기록했는데, 아시아·태평양 지역 중 한국에서 가장 많은 판매량을 기록했다(강주현, 2023). 퓨 리서치의 2021년 봄 조사 결과, '삶을 의미 있게 만들어주는 것은 무엇인가?'라는 질문에 대해 17개 국가 중 한국이 유일하게 물질적 행복을 1위로 꼽았다는 점이 화제가 되기도 했다(Silver et al., 2021). 이 조사 결과들은 한국인이 물질의 획득과 소유를 성공의 주요 척도로 여기는 물질주의 성향이 강하다는 것을 보여준다.

한국의 물질주의 성향은 지속적으로 높은 상태를 유지하고 있을까? 아니면 코로나 발생 이후 변화가 있었을까? 이를 확인하기 위해 물질주의 자료를 분석했다. 물질주의 성향은 물질주의 가치 척도(material value scale)를 통해 측정됐으며, 참여자들은 '더 많은 물건을 살 여력이 된다면 더 행복해질 것이다' 등의 문항을 읽고 7점 척도상에 응답했다. 점수가 높을수록 물질주의 성향이 높다는 것을 의미한다. 물질주의 성향 자료가 수집되기 시작한 2018년 4월 이후의 자료를 통해 코로나 시기를 거치면서 물질주의 성향의 변화를 살펴보고자 한다. 시기별 물질주의 성향 검사에 참여한 사람들의 수와 응답 건수는 표5와 같다.

한국의 물질주의
성향은 지속적으로
높은 상태를
유지하고 있을까?
아니면 코로나
발생 이후
변화가 있었을까?

표 5 코로나 시기별 물질주의 성향 응답자 수 및 응답 건수

시기	데이터 매칭 전	
	응답자 수 (단위: 명)	응답 건수 (단위: 건)
코로나 이전	129,330	147,873
코로나 기간	31,899	35,156
코로나 이후	1,742	1,910
계	162,971	184,939

코로나 이전에 물질주의 성향 평균은 4.36점으로 나타났다. 코로나 기간 동안에는 4.19점으로 나타났으나 코로나 이전과 비교했을 때 소폭 감소한 것으로 나타났다. 그러나 코로나 이후에는 4.16점으로, 코로나 기간과 차이는 없었으나 코로나 이전 대비 약 4.74% 감소한 것이 관찰됐다. 연도별 물질주의 변화를 살펴보면, 지속적으로 감소하는 추세가 나타났다(그래프 37).

두 차례에 걸쳐 두드러지게 감소한 것으로 확인됐는데, 첫 번째 하락 시기는 2018년과 2019년으로 나타났다. 2019년의 경우, 이전 해 대비 3.15% 감소했다. 이후 큰 변화 없이 유지됐으나 2022년에 크게 감소했다. 2022년의 경우, 2021년과 비교했을 때 2.88% 감소했으며 이후에는 감소 없이 물질주의 성향이 유지되고 있음을 확인할 수 있었다.

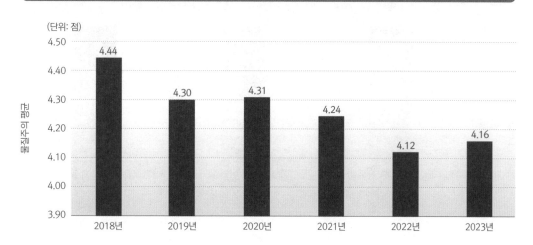

그래프 37 코로나 시기에 따른 물질주의 변화

물질주의자와 탈물질주의자의 비율은 각각 어떻게 변했을까? 개인의 물질주의 성향 점수를 토대로 네 개의 집단으로 구분했다. 물질주의 성향이 매우 강한 사람들은 전체 참여자 중 24.8%를 차지했으며, 이들의 평균 물질주의 점수는 5.86점이었다. 약한 물질주의자의 비율은 22.9%로, 평균 점수는 4.79점이었다. 약한 탈물질주의자와 강한 탈물질주의자는 각각 27.3%와 25.0%를 차지했으며, 이들의 평균 물질주의 점수는 각각 4.02점과 2.80점이었다.

물질주의 성향이 강한 사람들의 비율은 코로나 이전에는 25.4%, 코로나 기간에는 22.3%, 코로나 이후에는 23.9%로 나타나 코로나 이전 대비 1.5% 감소한 것으로 나타났다. 약한 물질주의 성향의 경우, 코로나 이후에 19.1%로 나타나 코로나 이전의 23.5%와 비교했을 때 약 4.4% 감소했다. 반면 탈물질주의 성향이 강한 사람들의 비율은 코로나 이전에 23.6%, 코로나 기간에 30.2%, 그리고 코로나 이후에는 32.5%로, 지속적으로 증가했으며 코로나 이전 대비 9%가 증가했다. 일상 회복이 시작된 이후 물질주의자들은 코로나 이전 대비 감소한 반면, 탈물질주의자들의 비율은 더욱 증가했음을 확인할 수 있었다(그래프 38).

다수의 연구에 따르면, 물질의 소유를 중시하는 물질주의 성향은 행복을 저해하는 주요 요인 중 하나이다. 물질주의 성향과 안녕지수 간 상관은 -0.29로 나타났으며, 이러한 관계는 코로나 시기에 따라

> 일상 회복이 시작된 이후 물질주의자는 코로나 이전 대비 감소한 반면, 탈물질주의자 비율은 더욱 증가했다.

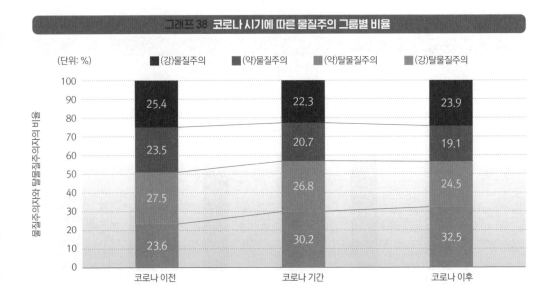

그래프 38 코로나 시기에 따른 물질주의 그룹별 비율

(단위: %) ■ (강)물질주의 ■ (약)물질주의 ■ (약)탈물질주의 ■ (강)탈물질주의

물질주의자와 탈물질주의자의 비율

	코로나 이전	코로나 기간	코로나 이후
(강)물질주의	25.4	22.3	23.9
(약)물질주의	23.5	20.7	19.1
(약)탈물질주의	27.5	26.8	24.5
(강)탈물질주의	23.6	30.2	32.5

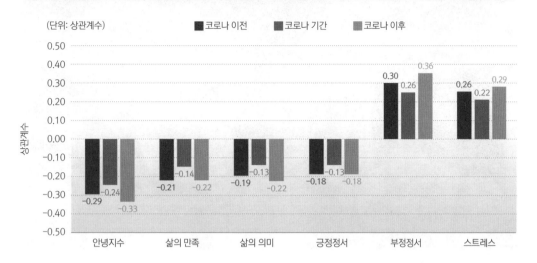

(단위: 상관계수)   ■ 코로나 이전 ■ 코로나 기간 ■ 코로나 이후

상관계수

	안녕지수	삶의 만족	삶의 의미	긍정정서	부정정서	스트레스
	-0.29	-0.21	-0.19	-0.18	0.30	0.26
	-0.24	-0.14	-0.13	-0.13	0.26	0.22
	-0.33	-0.22	-0.22	-0.18	0.36	0.29

물질주의가 낮아진 포스트 코로나 시대에도 여전히 높은 물질주의 성향을 가진 사람들은 행복감이 떨어지기도 했다.

변화하는 것으로 관찰됐다(그래프 39). 코로나 이전에는 물질주의 성향과 안녕지수 간 상관이 -0.29였으나, 코로나 기간에는 -0.24로 감소해 높은 물질주의가 행복을 저해하는 효과가 다소 줄어들었다.

그러나 코로나 이후에는 -0.33으로 코로나 기간 대비 37.5% 증가했으며 코로나 이전과 비교했을 때도 13.8% 증가했다. 이러한 결과는 삶의 만족, 삶의 의미, 긍정정서에서 모두 관찰됐다. 긍정적인 지표에 비해 부정적인 지표인 부정정서와 스트레스에서 두드러지게 나타났다. 특히 부정 정서의 경우 코로나 이후 상관관계가 0.36으로 코로나 이전 대비 20% 증가했다.

물질주의 성향이 지속적으로 감소하는 추세를 감안할 때(그래프 37), 포스트 코로나 시대에 물질주의가 낮아졌음에도 불구하고 여전히 높은 물질주의를 유지하는 사람들의 행복은 더욱 급격하게 감소할 수 있음을 시사한다.

일상 회복이 시작되면서 물질주의 성향이 점차 감소하는 추세는 다른 조사 결과를 통해서도 확인할 수 있다. 입소스(Ipsos)는 30여 개국을 대상으로 행복의 원천을 조사했다. 2021년 겨울에 실시된 조사에서 한국 사람들은 '더 많은 돈'을 1위로, '자신의 경제적 여건'을 8위로 꼽았으며, 이는 앞서 언급한 퓨 리서치의 결과와 일치한다. 또한 '배우자 및 연인'은 6위, '자녀'는 14위로 나타났다.

그러나 2022년 겨울의 조사 결과는 이와 상반되는 경향을 보였다. '자녀', '배우자 및 연인'이 각각 1, 2위를 차지했고, '자신의 경제적 여건'은 10위권 이내에 포함되지 않는 것으로 나타났다(Ipsos, 2022; Ipsos, 2023). 포스트 코로나 시대를 탈물질주의 시대로 결론짓기에는 이르지만, 일상 회복과 함께 물질적 가치가 아닌 안전, 건강, 관계 등 다양한 가치의 중요성을 점차 인식하고 있음을 보여준다.

04 집단주의는 약화됐으나 그 혜택은 더욱 커지다

팬데믹 초기, 감염병 확산을 막기 위해 마스크 의무 착용, 외출 제한 등 방역 조치가 시행됐다. 이러한 조치에 대한 사람들의 반응은 나라별로 다르게 나타났다. 한국의 경우 5인 이상 사적 모임이 금지되고, 식당의 영업시간이 제한됐으며, 확진자의 이동 경로가 공개되는 등의 조치가 시행됐다. 싱가포르와 대만의 경우 격리 조치 위반 시 벌금 등 처벌이 이뤄지기도 했다. 반면 미국의 경우 자가격리 조치를 자유의 억압으로 받아들였고 이러한 조치에 반대하는 시위가 열리기도 했다(김소희, 2020). 방역 조치에 대한 상이한 반응은 문화적 성향에 기인한 것이라는 연구가 보고되기도 했다(An & Tang, 2020).

집단주의는 '우리'와 '집단'을 강조한다. 따라서 공동의 이익을 위해 개인이 희생할 수 있다고 여기기 때문에 사회적 거리두기 조치와 같은 규범에 더욱 순응하고 자발적으로 참여하는 특성을 지닌다. 반면 개인주의는 개인의 '자유'와 '권리'를 강조한다. 코로나 발생 직

코로나 이후 개인주의
성향은 높아진 반면,
집단주의 성향이
감소하여 개인주의와
집단주의 간 차이가
더욱 커졌음을 확인할
수 있었다.

후 2020년 1월부터 4월까지 개인주의와 집단주의의 변화를 살펴본 결과, 변화가 없었던 개인주의 성향과 달리 집단주의는 확진자 수가 증가함에 따라 상승하는 추세를 보였다(최인철 등, 2021). 이러한 변화는 코로나 이후에도 어떻게 달라졌을까?

이 질문에 대한 답을 얻기 위해 개인주의와 집단주의 자료를 분석했다. 개인주의와 집단주의를 측정하는 대표 문항으로는 '남들에게 의지하기보다 나 자신을 믿는다(개인주의)'와 '희생이 요구된다 해도 가족이라면 힘을 모아야 한다(집단주의)'가 있다. 참여자들은 각 문항을 읽고 7점 척도상에 응답했다. 개인주의와 집단주의 자료는 2019년 11월부터 수집되기 시작했으나, 2019년 동안 수집된 자료가 매우 부족했기 때문에 2020년부터 수집된 자료만 분석에 사용했다. 코로나 기간과 이후에 개인주의 및 집단주의 검사에 참여한 사람들의 수와 응답 건수는 표6 에서 확인할 수 있다.

코로나 시기에 따른 개인주의와 집단주의 성향의 평균을 살펴본 결과, 개인주의 성향은 코로나 이후에 근소하게 증가한 것으로 나타났다(그래프 40). 그러나 집단주의 성향은 코로나 기간의 평균 4.81점에서 코로나 이후 4.50점으로, 약 6.40% 감소했다.

개인주의와 집단주의 성향 간 차이를 살펴본 결과, 코로나 기간 동안 개인주의(평균 4.88점)와 집단주의(평균 4.92점) 성향에는 큰 차이가 없었으나, 코로나 이후에는 집단주의 성향이 개인주의에 비해 8.54% 더 낮은 것으로 확인됐다(개인주의 4.92점 vs. 집단주의 4.50점). 이를 통해 코로나 이후 개인주의 성향은 높아진 반면, 집단주의 성향이 감소하여 개인주의와 집단주의 간 차이가 더욱 커졌음을 확인할 수 있었다.

표 6 코로나 시기별 개인주의와 집단주의 응답자 수 및 응답 건수

시기	데이터 매칭 전	
	응답자 수 (단위: 명)	응답 건수 (단위: 건)
코로나 기간	560,503	620,570
코로나 이후	1,416	1,715
계	561,919	622,285

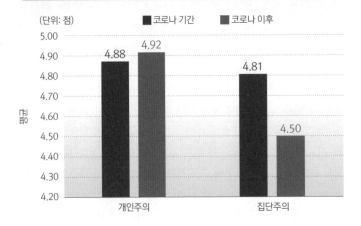

(단위: 점) ■ 코로나 기간 ■ 코로나 이후

개인주의와 집단주의 성향이 높은 사람들의 비율은 코로나 이후 어떻게 달라졌을까? 개인주의와 집단주의 점수 차이를 토대로 개인주의자와 집단주의자로 분류했다. 차이 점수가 0보다 클 경우, 개인주의 성향이 집단주의 성향보다 더 높다는 것을 나타낸다. 코로나 기간 동안 개인주의와 집단주의 성향 차이값은 0.07점으로 성향 간 차이가 거의 없는 것으로 나타났다. 그러나 코로나 이후에는 0.42점으로 코로나 기간 대비 성향 간 차이가 6.16배 더 커졌음을 확인할 수 있었다.

개인주의와 집단주의자의 비율은 어떻게 달라졌을까? 이를 위해 개인주의와 집단주의 성향의 차이값을 토대로 집단을 분류했다. 개인주의 성향이 강한 사람들은 전체 참여자 중 22.5%를 차지했으며, 이들의 개인주의와 집단주의 점수 차이의 평균값은 1.60점이었다. 약간 높은 개인주의자들은 전체의 25.8%를 차지했으며, 이들의 평균 점수는 0.41점으로 확인됐다. 약간 집단주의 성향이 높은 사람들은 전체 참여자 중 24.1%로 평균 점수는 -0.24점이었고, 집단주의 성향이 강한 사람들은 27.6%로 이들의 평균 점수는 -1.27점이었다.

강한 개인주의자를 제외한 모든 집단에서 코로나 이후 감소가 관찰됐다. 코로나 이후 변화는 개인주의 성향이 강한 사람과 약한 집단주의자에게서 두드러졌다. 강한 개인주의 성향을 지닌 사람들은 코로나 이후 13.8% 증가한 반면, 약한 개인주의자, 약한 집단주의자, 그리고 강한 집단주의자는 각각 5.5%, 5.7%, 2.6% 감소했다
(그래프 41).

코로나 이후
강한 개인주의자를
제외한 모든 집단의
비율이 감소했다.

개인주의자 성향이 강한 사람들의 연령대 분포를 확인한 결과, 코로나 기간과 코로나 이후의 차이가 관찰됐다(그래프 42). 1954년 이전 출생자는 시니어 세대, 1955년부터 1963년 사이 출생자는 베이비붐 세대로 구분했다. 1964년부터 1979년 사이 출생자는 X세대, 1980년부터 1994년 출생자는 Y세대, 그리고 1995년부터 2004년 사이 출생자는 Z세대로 분류했다(경기연구원, 2021).

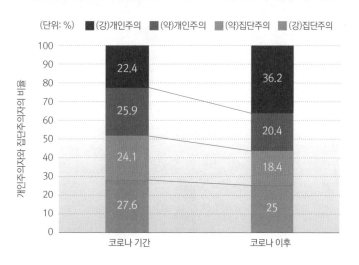

그래프 41 **코로나 시기에 따른 개인주의자와 집단주의자 비율**

(단위: %) ■ (강)개인주의 ■ (약)개인주의 ■ (약)집단주의 ■ (강)집단주의

개인주의자와 집단주의자의 비율

	코로나 기간	코로나 이후
(강)개인주의	22.4	36.2
(약)개인주의	25.9	20.4
(약)집단주의	24.1	18.4
(강)집단주의	27.6	25

코로나 기간 동안 개인주의자 중 밀레니얼 세대가 56.4%로 가장 큰 비율을 차지했으며, Z세대가 29.3%로 그 뒤를 이었다. 하지만 코로나 이후에는 Z세대가 53.7%로 가장 큰 비율을 차지했고, Y세대가 38.7%로 그다음을 차지했다. Z세대는 코로나 이후 83.28% 증가한 데 비해 밀레니얼 세대와 X세대는 각각 31.38%와 50.37% 감소했다. 이를 통해 코로나 이후 개인주의자의 연령대가 더욱 젊어졌음을 확인할 수 있었다.

행복 수준은 코로나 이후 개인주의와 집단주의 성향의 변화에 어떠한 영향을 미칠까? 이를 확인하기 위해 안녕지수에 추가로 응답한 참여자들을 선별했다. 전체 참여자 중 96.8%가 안녕지수에 추가로 응답했으며, 개인의 안녕지수 평균을 토대로 행복 풍요층(20.2%, 평균 안녕지수 7.54점), 보통의 행복을 경험하는 사람들(32.3%, 평균 5.54점), 그리고 행복 취약층(47.5%, 평균 3.36점)으로 분류했다. 분석 결과 행복 수준은 개인주의 성향보다 집단주의 성향에 더 큰 영향을 미치는 것을 확인할 수 있었다(그래프 43). 개인주의의 경우, 행복 수준에 따른 코로나 기간과 이후의 변화가 크지 않은 것으로 나타났다. 행복 보통층과 취약층은 코로나 이후에 각각 3.04%, 1.29% 개인주의 성향이 증가한 반면, 행복 풍요층은 0.49% 감소한 것으로 나타났다(그래프 43 상단 그래프).

행복 수준은 코로나 이후 개인주의와 집단주의 성향에 어떠한 영향을 미칠까?

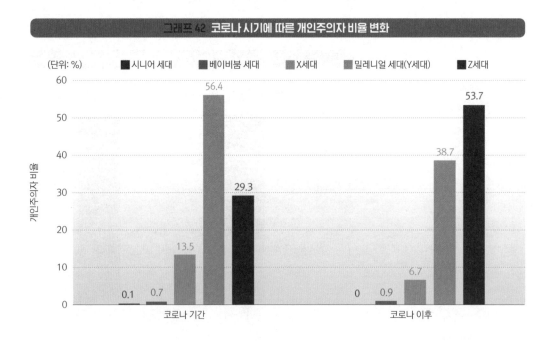

그래프 42 코로나 시기에 따른 개인주의자 비율 변화

(단위: %) ■시니어 세대 ■베이비붐 세대 ■X세대 ■밀레니얼 세대(Y세대) ■Z세대

개인주의자 비율

코로나 기간: 0.1 / 0.7 / 13.5 / 56.4 / 29.3
코로나 이후: 0 / 0.9 / 6.7 / 38.7 / 53.7

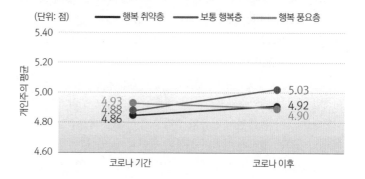

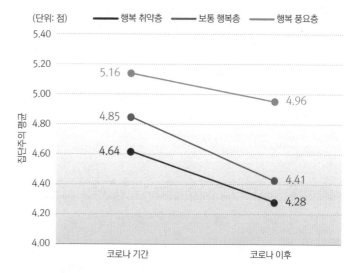

집단주의 성향의 변화는 행복 수준에 따라 더욱 크게 나타났는데, 코로나 이후 행복 보통층과 취약층은 각각 9.20%, 7.76% 감소했다. 이에 비해 행복 풍요층은 집단주의 감소 폭이 3.83%로 다른 집단에 비해 상대적으로 적은 것으로 나타났다(그래프 43 하단 그래프). 이러한 결과는 높은 행복 수준이 코로나 이후 기간에 '우리'와 '함께'를 중시하는 집단주의 가치의 감소를 방지하는 역할을 한다는 것을 보여준다.

개인주의와 집단주의 성향과 행복의 관계가 코로나 시기에 따라 어떻게 달라지는지 확인했다. 그 결과 개인주의의 경우 코로나 기간에는 0.03으로 행복과의 상관이 매우 적었으나 코로나 이후에는 0.00으로 나타나 개인의 행복과 아무런 관련이 없는 것으로 나타났다.

반면 집단주의 성향의 경우 코로나 이전에는 행복과 상관이 0.24였으나 코로나 이후에 0.30으로 약 25% 증가한 것으로 나타났다. 이는 개인의 자유를 중시하는 가치보다 우리의 가치를 중시할 때 더 큰 행복을 경험하며, 이러한 현상이 일상 회복 후에 더욱 강화됐음을 시사한다(그래프44).

이러한 결과는 개인주의자가 더욱 행복할 것이라는 우리의 직관과 상반되는 것이다. 개인의 자유와 권리를 중시하는 개인주의가 행복의 원인이라는 생각은 어쩌면 섣부른 판단일 수 있다. 행복에 관한 수많은 연구는 좋은 관계가 행복에 중요하다는 것을 보여주고 있다.

특히 한국처럼 관계를 중시하는 집단주의 문화 속에서 개인주의보다 집단주의자가 더 큰 행복을 경험한다는 연구 결과는 '나 혼자' 살아가기보다 '함께' 살아갈 때 더 큰 행복을 누릴 수 있음을 시사한다(Rego & Cunha, 2009). 아이러니하게도 집단주의 가치가 주는 행복의 혜택은 코로나 이후에 더욱 커졌음에도 집단주의자가 감소했다는 점(그래프41)은 일상 회복이 시작된 지금 시점에 집단주의 가치의 중요성을 다시 한번 생각하게 만든다.

개인주의보다 집단주의자가 더 큰 행복감을 느낀다는 연구 결과는 '나 혼자' 보다는 '함께' 살아갈 때 더 큰 행복을 누릴 수 있음을 시사한다.

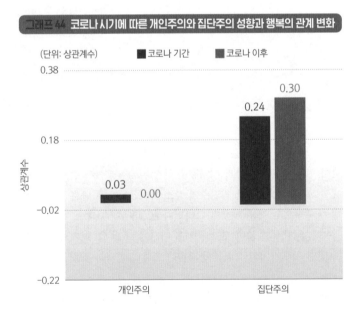

그래프 44 코로나 시기에 따른 개인주의와 집단주의 성향과 행복의 관계 변화

(단위: 상관계수) ■ 코로나 기간 ■ 코로나 이후

0.38

0.30

0.24

0.18

0.03   0.00

-0.02

-0.22

개인주의   집단주의

포스트 코로나 시대, 우리에게 남겨진 것들

코로나 이전부터 현재까지 마음의 지형이 어떻게 변했는지 살펴보았다. 마음날씨 데이터를 통해 살펴본 결과, 3년이라는 팬데믹 기간을 지나 일상 회복이 시작된 이후 사람들의 행복이 상승했다. 또한 마음의 여러 변화가 관찰됐다. 2017년 겨울부터 꾸준히 축적한 카카오같이가치 데이터 덕분에 미증유의 상황 속에서도 사람들의 마음 변화를 관측할 수 있었다. 2023년은 일상 회복이 시작된 첫해다. 대한민국의 행복지도가 앞으로 어떻게 변할지 계속 관심을 가지고 지켜봐야 할 필요가 있다.

• 일상 회복이 시작된 이후 사람들이 경험하는 행복의 수준은 코로나 이전 대비 더 증가한 것으로 나타났다. 특히 긍정적인 지표의 증가보다 부정정서와 스트레스 등 부정적인 지표의 감소가 두드러졌다. 부정정서 중 지루함은 코로나 기간에 소폭 상승했지만, 일상 회복이 시작되면서 빠르게 감소했다.

• 행복 천재들은 팬데믹 기간에도 행복이 성장했다. 코로나 이후 행복 취약층의 행복 수준은 코로나 발생 이전 대비 감소했다. 반면 행복 풍요층은 코로나 이전부터 이후까지 지속적인 행복 증가를 경험했다. 행복이 증가하는 추세를 보였다. 특히 스트레스의 감소가 두드러지게 나타났는데, 행복 천재들은 팬데믹과 일상 회복 등 일상의 큰 변화 속에서도 스트레스를 더 적게 경험했다.

- 모두의 행복이 회복됐으나 10대 청소년은 예외였다. 코로나 이후 오히려 행복이 감소하고 부정정서는 증가했다. 코로나 이전에는 상위권에 속했던 10대 청소년들의 행복이 일상 회복 이후 급감했으며, 특히 10대 여학생의 행복은 최하위를 기록했다. 일상 회복 이후 다시 마주한 학업 스트레스는 10대의 행복이 회복되는 것을 더디게 만들었다.

- 대도시 지역에서 코로나 이후 부정정서가 더 빠르게 감소하는 것으로 나타났다. 여가를 충분히 즐길 수 있는 환경은 사람들의 행복에 기여할 수 있음을 짐작할 수 있다.

- 10대 청소년들은 행복뿐만 아니라 자아존중감도 감소해 이중고를 경험하고 있다. 코로나 이전에는 모든 연령대 중에서 자아존중감이 가장 높았으나, 코로나 이후에 가장 낮은 수준으로 떨어졌다. 코로나로 인해 바뀐 일상은 자아존중감을 손상시켰고, 일상이 회복됐음에도 자아존중감은 회복되지 않았다.

- 코로나 이후 집단주의 성향이 감소함에 따라 개인주의자가 늘어났다. 특히 Z세대(1995~2004년)의 개인주의자 비율이 증가했다. 그러나 아이러니하게도 '우리', '함께'를 중시하는 집단주의 가치가 주는 행복의 혜택은 더욱 증가했다.

일상 회복 이후 다시 마주한 학업 스트레스로 10대는 금방 행복해질 수 없었다.

그림 2 포스트 코로나 시대 관찰된 대한민국 사람들의 일상 모습

포스트 코로나,
예전보다 더 큰
행복을 누리다

코로나도 꺾지 못한
행복 천재들의
일상 행복

회복되지 않은
10대
청소년들의 행복

부정적 감정은
대도시에서 더
빠르게 사라지다

자존감 회복의
길에서 소외된
10대 청소년과
행복 취약층

집단에서 개인으로,
포스트 코로나 시대
강화된 개인주의

여가를 충분히 즐길 수 있는 환경은 사람들의
행복에 기여할 수 있음을 짐작할 수 있다.

2023년 안녕지수
상세 정보

안녕지수 분포

(단위: %)

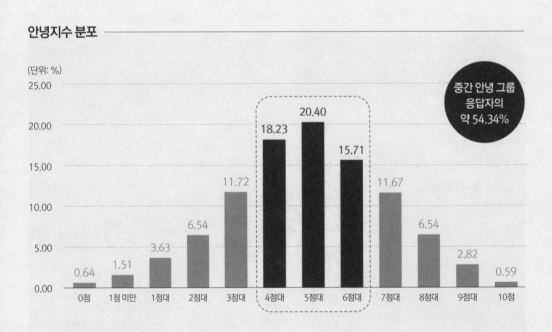

중간 안녕 그룹 응답자의 약 54.34%

0점	1점 미만	1점대	2점대	3점대	4점대	5점대	6점대	7점대	8점대	9점대	10점
0.64	1.51	3.63	6.54	11.72	18.23	20.40	15.71	11.67	6.54	2.82	0.59

삶의 만족 분포

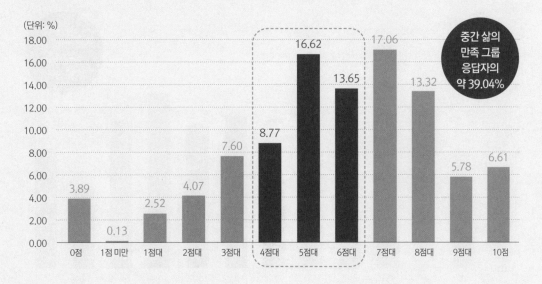

(단위: %)

중간 삶의 만족 그룹 응답자의 약 39.04%

0점	1점 미만	1점대	2점대	3점대	4점대	5점대	6점대	7점대	8점대	9점대	10점
3.89	0.13	2.52	4.07	7.60	8.77	16.62	13.65	17.06	13.32	5.78	6.61

삶의 의미 분포

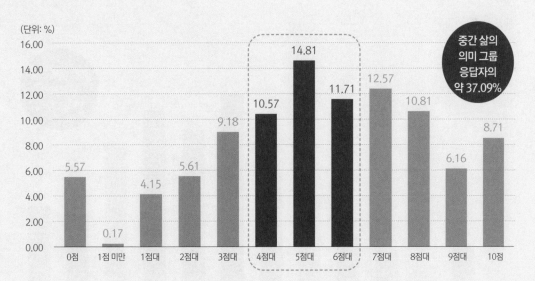

(단위: %)

중간 삶의 의미 그룹 응답자의 약 37.09%

0점	1점 미만	1점대	2점대	3점대	4점대	5점대	6점대	7점대	8점대	9점대	10점
5.57	0.17	4.15	5.61	9.18	10.57	14.81	11.71	12.57	10.81	6.16	8.71

스트레스 분포

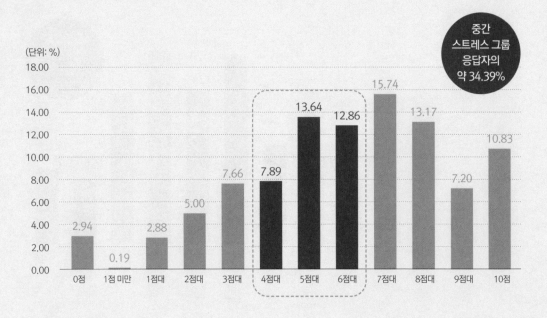

(단위: %)

중간 스트레스 그룹 응답자의 약 34.39%

0점	1점 미만	1점대	2점대	3점대	4점대	5점대	6점대	7점대	8점대	9점대	10점
2.94	0.19	2.88	5.00	7.66	7.89	13.64	12.86	15.74	13.17	7.20	10.83

행복 분포

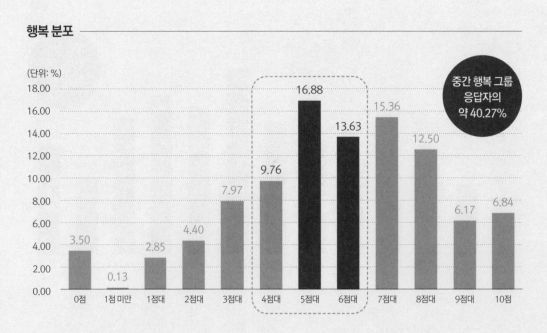

(단위: %)

중간 행복 그룹 응답자의 약 40.27%

0점	1점 미만	1점대	2점대	3점대	4점대	5점대	6점대	7점대	8점대	9점대	10점
3.50	0.13	2.85	4.40	7.97	9.76	16.88	13.63	15.36	12.50	6.17	6.84

즐거움 분포

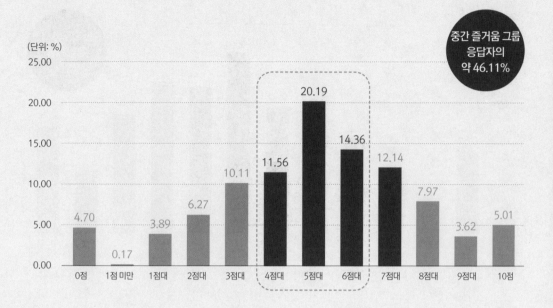

(단위: %)

중간 즐거움 그룹
응답자의
약 46.11%

0점	1점 미만	1점대	2점대	3점대	4점대	5점대	6점대	7점대	8점대	9점대	10점
4.70	0.17	3.89	6.27	10.11	11.56	20.19	14.36	12.14	7.97	3.62	5.01

평안함 분포

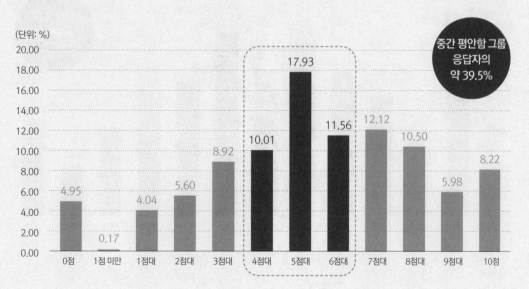

(단위: %)

중간 평안함 그룹
응답자의
약 39.5%

0점	1점 미만	1점대	2점대	3점대	4점대	5점대	6점대	7점대	8점대	9점대	10점
4.95	0.17	4.04	5.60	8.92	10.01	17.93	11.56	12.12	10.50	5.98	8.22

지루함 분포

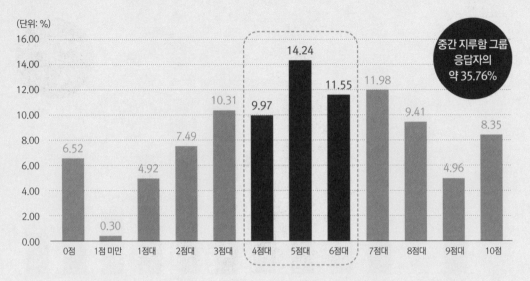

(단위: %)

중간 지루함 그룹 응답자의 약 35.76%

0점	1점 미만	1점대	2점대	3점대	4점대	5점대	6점대	7점대	8점대	9점대	10점
6.52	0.30	4.92	7.49	10.31	9.97	14.24	11.55	11.98	9.41	4.96	8.35

짜증 분포

(단위: %)

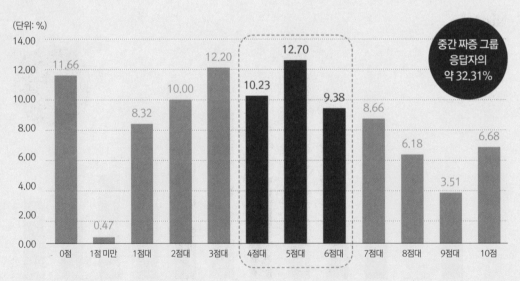

중간 짜증 그룹 응답자의 약 32.31%

0점	1점 미만	1점대	2점대	3점대	4점대	5점대	6점대	7점대	8점대	9점대	10점
11.66	0.47	8.32	10.00	12.20	10.23	12.70	9.38	8.66	6.18	3.51	6.68

우울 분포

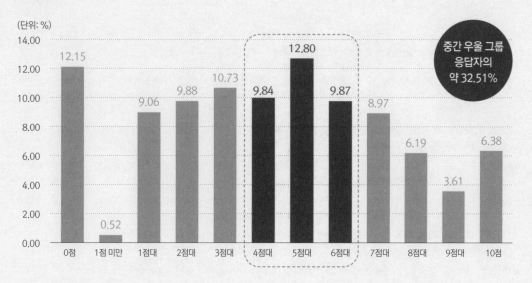

(단위: %)

중간 우울 그룹 응답자의 약 32.51%

0점	1점 미만	1점대	2점대	3점대	4점대	5점대	6점대	7점대	8점대	9점대	10점
12.15	0.52	9.06	9.88	10.73	9.84	12.80	9.87	8.97	6.19	3.61	6.38

불안 분포

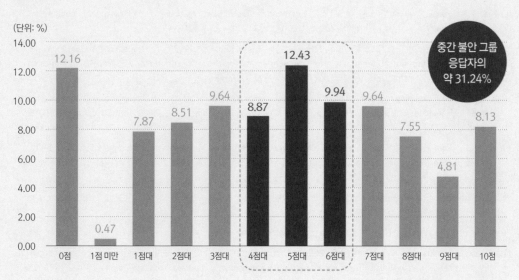

(단위: %)

중간 불안 그룹 응답자의 약 31.24%

0점	1점 미만	1점대	2점대	3점대	4점대	5점대	6점대	7점대	8점대	9점대	10점
12.16	0.47	7.87	8.51	9.64	8.87	12.43	9.94	9.64	7.55	4.81	8.13

참고문헌

Part 01   당신은 지금 얼마나 행복한가요?

질병관리청 보도자료. (2023.12.22.). 2023년은 코로나 일상회복 원년, 국민 10명 중 8명이 일상회복 인식. https://www.kdca.go.kr/
kvrc/article/view.do?articleKey=2892&searchTitleFlag=1&boardKey=30&menuKey=238&currentPageNo=1 (2023년
1월 4일 검색).

최인철, 최종안, 이성하, 이서진, 김남희, 김영주, 구자일, 정지정, 차승은. (2022). 『대한민국 행복지도 2022(코로나 특집호2): 서울대 행복연
구센터의 행복리포트』. 21세기북스.

최인철, 최종안, 김영주, 김남희, 정민화, 이성하, 이서진, 홍경화, 김현지, 권유리, 전영주, 구자일, 이윤주, 정수민. (2023). 『대한민국 행복지도
2023: 서울대 행복연구센터의 행복리포트』. 21세기북스.

통계청(인구총조사과), 2022, 2024.01.05, 1인가구비율(시도/시/군/구). 출처: https://kosis.kr/statHtml/statHtml.do?orgId=101&
tblId=DT_1YL21161&conn_path=I2 (2024년 1월 5일 검색).

한국갤럽. (2023a). 데일리 오피니언 제536호(2023년 3월 5주). https://www.gallup.co.kr/gallupdb/reportContent.
asp?seqNo=1377

한국갤럽. (2023b). 데일리 오피니언 제554호(2023년 8월 2주). https://www.gallup.co.kr/gallupdb/reportContent.
asp?seqNo=1412

Bench, S. W., & Lench, H. C. (2019). Boredom as a seeking state: Boredom prompts the pursuit of novel (even negative)
experiences. *Emotion*, 19(2), 2421–254. http://dx.doi.org/10.1037/emo0000433

Croft, A., Dunn, E. W., & Quoidbach, J. (2014). From tribulations to appreciation: Experiencing adversity in the past
predicts greater savoring in the present. *Social Psychological and Personality Science*, 5(5), 511–516. https://doi.
org/10.1177/1948550613512510

Martela, F., & Steger, M. F. (2016). The three meanings of meaning in life: Distinguishing coherence, purpose, and
significance. *The Journal of Positive Psychology*, 11(5), 531–545. https://doi.org/10.1080/17439760.2015.1137623

O'Dea, M. K., Igou, E. R., & van Tilburg, W. A. (2023). Preventing boredom with gratitude: The role of meaning in life.
Motivation and Emotion, 1–15. https://doi.org/10.1007/s11031-023-10048-9

Oh, D. J., Yang, H. W., Suh, S. W., Byun, S., Kim, T. H., Kwak, K. P., ⋯ & Kim, K. W. (2023). The impact of the COVID-19
pandemic on depression in community-dwelling older adults: A prospective cohort study. *Psychological Medicine,
53*(7), 2992–2999. https://doi.org/10.1017/S0033291721005018

Reker, G. T. (2005). Meaning in life of young, middle-aged, and older adults: Factorial validity, age, and gender invariance
of the Personal Meaning Index (PMI). *Personality and Individual Differences*, 38(1), 71–85. https://doi.org/10.1016/
j.paid.2004.03.010

Seery, M. D., Holman, E. A., & Silver, R. C. (2010). Whatever does not kill us: Cumulative lifetime adversity, vulnerability,
and resilience. Journal of Personality and Social Psychology, 99(6), 1025–1041. https://doi.org/10.1037/a0021344

Steger, M. F., Oishi, S., & Kashdan, T. B. (2009). Meaning in life across the life span: Levels and correlates of meaning in
life from emerging adulthood to older adulthood. *The Journal of Positive Psychology*, 4(1), 43–52. http://doi.org/
10.1080/17439760802303127

Tedeschi, R. G., & Calhoun, L. G. (1995). Trauma and transformation. Sage.

Trzebiński, J., Cabański, M., & Czarnecka, J. Z. (2020). Reaction to the COVID-19 pandemic: The influence of meaning in life,
life satisfaction, and assumptions on world orderliness and positivity. *Journal of Loss and Trauma*, 25(6–7), 544–557.
https://doi.org/10.1080/15325024.2020.1765098

Wilson, T. D., Reinhard, D. A., Westgate, E. C., Gilbert, D. T., Ellerbeck, N., Hahn, C., ⋯ Shaked, A. (2014). Just think: The
challenges of the disengaged mind. *Science*, 345, 75–77. http://dx.doi.org/10.1126/science .1250830

Van Tilburg, W. A., & Igou, E. R. (2012). On boredom: Lack of challenge and meaning as distinct boredom experiences.
Motivation and Emotion, 36(2), 181–194. http://doi.org/ 10.1007/s11031-011-9234-9

강주현. (2023). 롤스로이스, 작년 글로벌 판매량 사상 최대…한국에선 234대. https://m.dnews.co.kr/m_home/view. jsp?idxno=20230110104306436043 (2024년 2월 14일 검색).

경기연구원. (2021). 경기도민의 세대별 여가활동 특성 분석. http://e-archive.bscf.or.kr/27_policy/02_policy. php?pmode=view&idx=1578 (2024년 2월 15일 검색).

계승현. (2022). 코로나시대 청소년이 꼽은 일상생활 어려움 1순위는 "신체 변화". https://www.yna.co.kr/view/ AKR20220624144100530 (2024년 1월 18일 검색).

고한솔. (2023). 해외여행 1년 새 6.5배 늘었다…5월에만 360만 명. https://www.hani.co.kr/arti/economy/marketing/1094760. html (2024년 2월 15일 검색).

국회미래연구원. (2021). [국가미래전략 Insight] 어디 사는지에 따라 행복감이 달라질까? 〈제25호〉. https://www.nafi.re.kr/new/ report.do?mode=view&articleNo=2684 (2024년 2월 2일 검색).

김가람, 정세원, 최인철, 최은수. (2023). 「한국인의 지루함: 일상에서의 경험 표집 방법을 사용하여」. 《한국심리학회지: 사회 및 성격》, 37(2), 189-213.

김민지. (2023.7.17). 20대 저연령층, 대면 만남 어려워한다…국가 개입 필요하다고?. https://www.the-pr.co.kr/news/articleView. html?idxno=50287 (2024년 2월 19일 검색).

김소영. (2020). [기획] 2020년 주식 열풍은 코로나 때문일까?. https://hrcopinion.co.kr/archives/17174 (2024년 1월 23일 검색).

김소희. (2020). 바이러스 앞에 무력해진 '개인주의'…'집단주의' 기반 방역 모델 도입한 유럽·미국의 딜레마. https://economychosun. com/site/data/html_dir/2020/04/27/2020042700016.html (2024년 1월 25일 검색).

김유리. (2021). 「코로나 전후 학생들의 심리와 정서 변화: 서울학생들을 중심으로」. 《이슈페이퍼》 2021 가을호(244호). https://webzine-serii.re.kr/코로나-전후-학생들의-심리와-정서-변화-서울학생들/ (2024년 2월 5일 검색).

김정욱. (2023). 한국 아동·청소년 87% "행복하지 않다". https://www.sedaily.com/NewsView/29PG63EACM (2024년 1월 25일 검색).

김지헌. (2021). 코로나 1년…미디어 이용 18분↑·근무시간 12분↓. https://www.yna.co.kr/view/AKR20210203167900004 (2024년 2월 6일 검색).

박은미, 정태연. (2015). 「외향성인 사람과 내향인 사람 간 행복의 차이: 맥락, 정서 및 가치를 중심으로」. 《한국심리학회지: 사회 및 성격》, 29(1), 23-44.

보건복지부. (2021). 2021년 12월 국민 정신건강실태조사. http://kstss.kr/wp-content/uploads/2022/01/최종_21년-12월-조사-COVID-19-국민정신건강실태조사_211225.pdf (2024년 1월 23일 검색).

예스24. (2023). 코로나 시대 가장 큰 고민은 '관계'…인간관계·대화 키워드 도서 주목. https://ch.yes24.com/Article/View/52685

이소연. (2023). [코로나] 83차 인식조사(2023년 5월 4주차). https://hrcopinion.co.kr/archives/26799 (2024년 2월 12일 검색).

이완. (2024). 코로나 이후 온라인 씀씀이 커졌다…'월평균 25만원 이상' 27%. https://www.hani.co.kr/arti/economy/ consumer/1127846.html (2024년 2월 1일 검색).

임재희. (2022). 한국, 인구 대비 확진자 세계 최다…"9월엔 하루 140명 사망". https://www.hani.co.kr/arti/society/ health/1054946.html (2024년 1월 28일 검색).

정영훈. (2020). 영국 목요일 밤마다 코로나 의료진 격려 박수응원. https://news.kbs.co.kr/news/pc/view/view.do?ncd=4422153 (2024년 2월 14일 검색).

최인철, 최종안, 김남희, 이서진, 권유리, 김주현, 심예린. (2020). 『대한민국 행복지도 2020: 서울대 행복연구센터의 행복리포트』. 21세기북스.

최인철, 최종안, 김주현, 이서진, 김남희, 최유현, 정수연, 정지정, 전영주, 김연경 (2021). 『대한민국 행복지도 2022(코로나 특집호): 서울대 행복연구센터의 행복리포트』. 21세기북스.

통계청. (2019). 2019년 사회조사 결과. https://kostat.go.kr/board.es?mid=a10301060300&bid=219&act=view&list_no=378876 (2024년 2월 10일 검색).

통계청. (2022). 2022 통계로 보는 1인가구. https://kostat.go.kr/board.es?mid=a10301010000&bid=10820&tag=&act=view&list_no=422143&ref_bid=

통계청. (2023). 2023 통계로 보는 1인가구. https://kostat.go.kr/board.es?mid=a10301010000&bid=10820&list_no=428414&act=view&mainXml=Y

통계청. (2023). 2023년 사회조사 결과. https://kostat.go.kr/synap/skin/doc.html?fn=b093d27d016fcdce0f3b7c3e858a44a71b8d18dc09bd5c420c4210d9307ae0d0&rs=/synap/preview/board/219/ (2024년 2월 10일 검색).

통계청. (2023). 스트레스 인지율. https://www.index.go.kr/unify/idx-info.do?idxCd=8020

한국청소년상담복지개발원. (2022). 청소년 코로나 3년의 마음 기록: 방전된 청소년의 심리, 어떻게? https://www.kyci.or.kr/fileup/issuepaper/IssuePaper_2022년%201호.pdf (2024년 2월 8일 검색).

한지민, 최훈석. (2021). 「코로나 대유행 시기에 집단주의 성향과 사회적 거리두기 행동 간의 관계: 사회적 거리두기에 관한 주관적 규범의 매개효과」. 《한국심리학회지: 문화 및 사회문제》, 27(3), 217-236.

An, B. Y., & Tang, S. Y. (2020). Lessons from COVID-19 responses in East Asia: Institutional infrastructure and enduring policy instruments. *The American Review of Public Administration*, 50(6-7), 790-800.

Anglim, J., & Horwood, S. (2021). Effect of the COVID-19 pandemic and big five personality on subjective and psychological well-being. *Social Psychological and Personality Science*, 12(8), 1527-1537.

Anglim, J., Horwood, S., Smillie, L. D., Marrero, R. J., & Wood, J. K. (2020). Predicting psychological and subjective well-being from personality: A meta-analysis. Psychological bulletin, 146(4), 279.

Choi, J., Kim, N., Kim, J., & Choi, I. (2022). Longitudinal examinations of changes in well-being during the early period of the COVID-19 pandemic: Testing the roles of extraversion and social distancing. *Journal of Research in Personality*, 101, 104306.

Elpidorou, A. (2022). The moral significance of boredom. The Moral Psychology of Boredom, 15, 1-57.

Fujita, F., Diener, E., & Sandvik, E. (1991). Gender differences in negative affect and well-being: the case for emotional intensity. *Journal of personality and social psychology*, 61(3), 427-434.

Im, H., & Chen, C. (2020). Social distancing around the globe: Cultural correlates of reduced mobility [Preprint]. PsyArXiv.

Ipsos. (2022). Global happiness 2022. https://www.ipsos.com/sites/default/files/ct/news/documents/2022-04/Global%20Happiness%202022%20Report.pdf (2024년 2월 16일 검색).

Ipsos. (2023). Global happiness 2023. https://www.ipsos.com/sites/default/files/ct/news/documents/2023-03/Ipsos%20Global%20Happiness%202023%20Report-WEB.pdf (2024년 2월 16일 검색).

Kroencke, L., Humberg, S., Breil, S. M., Geukes, K., Zoppolat, G., Balzarini, R. N., ... & Back, M. D. (2023). Extraversion, social interactions, and well-being during the COVID-19 pandemic: Did extraverts really suffer more than introverts?. *Journal of personality and social psychology*, 125(3), 649-679.

Lee, S. S., Shim, Y., Choi, J., & Choi, I. (2023). Paradoxical Impacts of Social Relationship on Well-Being During the COVID-19 Pandemic. *Journal of Happiness Studies*, 24(2), 745-767.

Meisenberg, G., & Woodley, M. A. (2015). Gender differences in subjective well-being and their relationships with gender equality. *Journal of happiness studies*, 16, 1539-1555.

Nawijn, J., & Veenhoven, R. (2012). Happiness through leisure. In Positive leisure science: From subjective experience to social contexts (pp. 193-209). Dordrecht: Springer Netherlands.

Rash, J. A., Matsuba, M. K., & Prkachin, K. M. (2011). Gratitude and well-being: Who benefits the most from a gratitude intervention?. *Applied Psychology: Health and Well-Being*, 3(3), 350-369.

Rego, A., & Cunha, M. P. (2009). How individualism-collectivism orientations predict happiness in a collectivistic context. *Journal of Happiness Studies*, 10, 19-35.

Rosenbaum, P. R., & Rubin, D. B. (1983). The central role of the propensity score in observational studies for causal effects. *Biometrika*, 70(1), 41-55.

Rossi, A., Panzeri, A., Pietrabissa, G., Manzoni, G. M., Castelnuovo, G., & Mannarini, S. (2020). The anxiety-buffer hypothesis in the time of COVID-19: when self-esteem protects from the impact of loneliness and fear on anxiety and depression. *Frontiers in psychology*, 11, 567530.

Silver, L., van Kessel, P., Huang, C., Clancy, L., & Gubbala, S. (2021). What Makes Life Meaningful? Views From 17 Advanced Economies. https://www.pewresearch.org/global/2021/11/18/what-makes-life-meaningful-views-from-17-advanced-economies/ (2024년 1월 25일 검색).

Sterina, E., Hermida, A. P., Gerberi, D. J., & Lapid, M. I. (2022). Emotional resilience of older adults during COVID-19: A systematic review of studies of stress and well-being. Clinical Gerontologist, 45(1), 4-19.

Wang, M., & Wong, M. S. (2014). Happiness and leisure across countries: Evidence from international survey data. *Journal of happiness Studies*, 15, 85-118.

Wei, X., Huang, S., Stodolska, M., & Yu, Y. (2015). Leisure time, leisure activities, and happiness in China: Evidence from a national survey. *Journal of leisure research*, 47(5), 556-576.

KI신서 11869
서울대 행복연구센터의 행복 리포트
대한민국 행복지도 2024

1판 1쇄 인쇄 2024년 4월 16일
1판 1쇄 발행 2024년 4월 26일

지은이 서울대학교 행복연구센터
펴낸이 김영곤 **펴낸곳** ㈜북이십일 21세기북스
인문기획팀장 양으녕 **책임편집** 노재은 **표지 디자인** ALL design group
출판마케팅영업본부장 한충희 **마케팅2팀** 나은경 정유진 백다희 이민재
출판영업팀 최명열 김다운 김도연 권채영 **제작팀** 이영민 권경민

출판등록 2000년 5월 6일 제406-2003-061호
주소 (10881) 경기도 파주시 회동길 201(문발동)
대표전화 031-955-2100 **팩스** 031-955-2151 **이메일** book21@book21.co.kr

ⓒ 서울대학교 행복연구센터, 2024
ISBN 979-11-7117-557-4 13320
ISSN 2800-0331

㈜북이십일 경계를 허무는 콘텐츠 리더

21세기북스 채널에서 도서 정보와 다양한 영상자료, 이벤트를 만나세요!
페이스북 facebook.com/jiinpill21   **포스트** post.naver.com/21c_editors   **유튜브** youtube.com/book21pub
인스타그램 instagram.com/jiinpill21   **홈페이지** www.book21.com